स्वरूप, महत्त्व और रहस्य

द 9 वंडर्स

अखिलेश सोमानी

BlueRose ONE.com
Stories Matter
NewDelhi • London

BLUEROSE PUBLISHERS
India | U.K.

Copyright © Akhilesh Somani 2024

All rights reserved by author. No part of this publication may be reproduced, stored in a retrieval system or transmitted in any form or by any means, electronic, mechanical, photocopying, recording or otherwise, without the prior permission of the author. Although every precaution has been taken to verify the accuracy of the information contained herein, the publisher assumes no responsibility for any errors or omissions. No liability is assumed for damages that may result from the use of information contained within.

BlueRose Publishers takes no responsibility for any damages, losses, or liabilities that may arise from the use or misuse of the information, products, or services provided in this publication.

For permissions requests or inquiries regarding this publication, please contact:

BLUEROSE PUBLISHERS
www.BlueRoseONE.com
info@bluerosepublishers.com
+91 8882 898 898
+4407342408967

ISBN: 978-93-5989-781-3

Cover design: Muskan Sachdeva
Typesetting: Rohit

First Edition: January 2024

अखिलेश सोमानी एक बेस्टसेलिंग लेखक, प्रेरक, वक्ता, ट्रेनर और सफल कोच हैं। वे मध्यम वर्गीय परिवार में जन्मे और अपने गांव से स्कूली शिक्षा को पूरा कर अपने पारिवारिक बिजनेस को आगे बढाया। परिवर्तन तो उस दिन आया जब वे वारेन बफेट के एक कोट्स ने सोचने के लिए मजबूर कर दिया –

"एक आय पर कभी निर्भर नहीं रहना चाहिए"
"दूसरे स्त्रोत बनाने के लिए निवेश करिए"।

जब इस पर सोचा तो उन्होंने पाया कि यह समस्या लगभग सभी इंसानो की है जिनके पास आय के स्त्रोत ज्यादा नहीं है। तब से उन्होंने लोगों को इस बारे में बताना प्रारंभ किया। लगभग सभी चीजें जो हमें चाहिए होती है हमारे इर्द–गिर्द ही होती है किन्तु हमारी सोच और हमारी चाहत में अंतर के आ जाने से चीजों को मिलने में समय लग जाता है।

अखिलेश अपना ज्यादातर समय सफलता की वैसी तकनीकों को सीखाना अपने जीवन का मिशन बना लिया जो उन्होंने कई वर्षों में सफल लोगों एवं पुस्तकों से विकसित की हैं जिससे उन्हें सफलता की राह पर चलने मे मदद मिली है।

समर्पित है

मेरे माता–पिता, जो मुझे सिखाते हैं
ज्योति, जो मेरा मार्गदर्शन करती है
अविनाश, जो मुझे प्रेरित करता है।

"जब तक यह जीवन है, हमें सदा सीखते रहना चाहिए।"

– स्वामी रामकृष्ण परमहंस

"सफलता किसी भी उम्र में अच्छी है, लेकिन जितनी जल्दी आप इसे पा लेंगे, उतनी ही देर तक आप इसका आनंद ले पाएंगे।"

– नेपोलियन हिल

"आज की अनिश्चित अर्थव्यवस्था में अमीर बनने, पूर्ण नियंत्रण में रहने और अपने परिवार के लिए स्वतंत्रता का आनंद लेने का सबसे अच्छा समाधान आय के कई स्रोत होना है।"

– राबर्ट जी. ऐलन

"कोई भी लोहे को नष्ट नहीं कर सकता, लेकिन इसकी खुद की जंग इसे नष्ट कर देती है। इसी तरह व्यक्ति को कोई भी नष्ट नहीं कर सकता है, लेकिन खुद की मानसिकता उसे नष्ट कर सकती है।"

– रतन टाटा

"1995 में मेरे पॉकेट में 7 डॉलर थे और मुझे दो चीजें पता थीं– मैं बुरी से कड़का हूँ और एक दिन मैं ऐसा नहीं रहूँगा।"

– ड्वेन जॉनसन

आभार

मेरे लिए इसे लिखना पुस्तक का सबसे कठिन भाग है, क्योंकि इस पुस्तक को दुनिया में जीवन देने के लिए मेरे प्रयास काफी नहीं थे। यह उन सभी के प्रयासों की बदोलत बनी है जिन्होंने मुझे एवं किताब को दृश्य एवं अदृश्य रूप से मदद की, उन सभी को धन्यवाद।

मेरे दादा–दादी स्व. रामस्वरूप, स्व. मोहिनी देवी सोमानी को इस पुस्तक का श्रेय जाता है... भले ही वे अब इस दुनिया में नहीं हैं किन्तु उनके आदर्शों की बदौलत ही यह पुस्तक बन पाई है।

मेरे गुरू जगदीश पुरी जी को धन्यवाद, मेरा मानना है कि बिना गुरू के आगे बढ़ पाना मुश्किल होता है।

मेरे महानायक सत्यनारायण जी सोमानी को धन्यवाद, जो दया, करूणा एवं प्रेम के द्वारा अपने आस–पास के लोगों को सकारात्मक रूप से प्रभावित करने की क्षमता से जीत लेते हैं।

मेरे सभी स्कुली शिक्षकों को धन्यवाद जिन्होंने मुझे पढ़ाया और आगे बढ़ने की सोच प्रदान की।

महेन्द्र वैष्णव को भी धन्यवाद देता हूँ जिन्होंने समय–समय पर इस पुस्तक को सर्वश्रेष्ठ बनाने में मदद की।

मैं रतन जी काबरा एवं छगन जी झंवर को भी धन्यवाद देता हूँ जिनके व्यवहार और सोच की प्रेरणा ने इस पुस्तक का महत्व बढ़ाया मेरे सभी दोस्तों एवं रिश्तेदारो को जिन्होंने सकारात्मक भाव से मेरा साथ दिया लोगों के जीवन को बदलने के लिए।

मेरे परमात्मा को धन्यवाद जिन्होंने मुझे इस काबिल बनाया कि लोगों की मदद कर सकें एवं उनके जीवन में खुशियाँ ला सकें।

मेरे जन्मदाता मेरे माता-पिता हेमलता एवं रमेशचन्द्र सोमानी को धन्यवाद न सिर्फ इस पुस्तक के लिए बल्कि मुझ पर विश्वास करने के लिए भी। मैं जितना भी सभ्य और अच्छा बना हूँ, सब आपके आशीर्वाद से ही है।

धन्यवाद आषीश, अनिल, अर्पित एवं अविनाश और मेरे सभी भाईयों को, जिनका विश्वास और साथ मुझे आगे बढ़ने पर जोर देता है।

धन्यवाद ज्योति, मैं बहुत सौभाग्यशाली हूँ जो भगवान ने मेरे जीवन साथी के रूप मे तुम्हें चुना है।

मेरे परिवार को धन्यवाद, जिनके साथ के बिना यह पुस्तक अधूरी सी थी।

यह पुस्तक सिर्फ एक या दो लोगों की मेहनत का नतीजा नहीं हो सकती दरअसल कई गुणी लोगों के उदार सहयोग की बदौलत यह पुस्तक इतनी बेहतर बन पाई है।

यह पुस्तक दुनिया के कुछ महान सफल इंसानों के अनुभवों पर आधारित है। ये सभी लोग अलग-अलग क्षेत्रों के हैं जिनमें व्यवसाय, शिक्षा, मनोरंजन, नौकरी और सफल कोच शामिल हैं... उन सभी ने अपना बेशकिमती समय, अपनी यादें और अपना ज्ञान उदारता के सााथ दिया। इस पुस्तक का श्रेय उन्हीं को जाता है।

अंत में आप सभी पाठकों को धन्यवाद करते हैं न सिर्फ इस पुस्तक को लेने के लिए बल्कि उससे भी अधिक इसे पढ़ने और प्रयोग करने के लिए।

लेखक का संदेश

अपने जीवन को बेहतर बनाना और बिगाड़ना सिर्फ अपने हाथ में होता है। किसी और को दोष देकर हम इस कार्य को छोड़ तो सकते हैं किन्तु अपने जीवन की परवाह करके इसको खुशहाल भी बनाया जा सकता है।

जिस प्रकार स्टाक मार्केट एक ही दिशा में सभी दिन नहीं चला करता, उसी प्रकार यह जीवन भी एक ही दिशा में सभी दिन नहीं चला करता। सुख और दुख, खुशहाली और समस्याएं इनको चलाती हैं। सुख में हमारी चाहतें पूरी होती मिलती हैं किन्तु दुख में यह जिदंगी ही अपनी नहीं लगती है। लेकिन जिदंगी इतनी बुरी नहीं होती जितना हम सोच लिया करते हैं।

जिंदगी को भी आसान बनाया जा सकता है किन्तु हमें अपनी सोच को बदलनी होती हैं। चाहे आप कैसे भी इंसान हों, धनवान या निर्धन, स्वस्थ या अस्वस्थ, कामयाब या नाकामयाब, जैसी हम अपनी सोच रखते हैं वैसे ही इंसान हम बन जाते हैं।

क्योंकि आप इस महान देश के नागरिक हैं, आपका कर्तव्य बनता है कि अपने परिवार, समाज एवं देश को नई तरक्कियों तक ले जायें और अपने आपको सफल बनायें। जहाँ भी जायें सम्मान पायें, सम्पन्नता प्राप्त कर लोगों की मदद करें।

मैं चाहता हूँ कि आप अपने जीवन के हर क्षेत्र में सफलता पायें और विरासत में खुशियाँ और सम्पति छोड़ जायें। इन सभी को प्राप्त करने में आपको यह पुस्तक काफी मदद करने वाली है। बस अपने आप पर विश्वास और धैर्य को ना छोड़ें, इसमें बताये तरीकों से अपने कार्यों में सुधार करें.... 'द 9 वंडर्स' आपका जीवन बदल देगी।

प्रस्तावना

जिंदगी वह नहीं है जो हम अभी जी रहे हैं, जिसमें दुख, निराशा, रिश्तों में अस्थिरता, पैसों की कमी, अस्वस्थता, अल्कालीन नौकरीयाँ और समय की कमी से भरा है। जबकि हम सूचना के उस युग में हैं जहाँ हम कहीं भी आ-जा सकते हैं, रह सकते हैं, अच्छा भोजन कर सकते हैं और अच्छा जीवन व्यतीत कर सकते हैं। किन्तु हमने शपथ ली है कि यह जिदंगी अच्छी हो या बुरी, हमें तो बस अपने पुराने दिनों को याद रखना है और उसी के अनुरूप कार्य करना है, चाहे संसार कितनी ही बार बदल जाये। हम न बदलेंगे और न हीं अपनी सोच को बदलने देंगे।

आज के इंसान से अगर पूछा जाये कि इस जीवन में उसे क्या-क्या नहीं पसंद है तो वह शायद एक किताब को भरने की ताकत रखता है जबकि उसे पूछा जाये कि क्या पसंद है तो वह कुछ ही चीजें बता पाता है।

उस तीर का कोई फायदा नहीं होता जब उसे पता ही नहीं कि उसे कौन सा लक्ष्य प्राप्त करना है। हमारी जिंदगी भी कुछ प्रतिशत ऐसी है जिसमें हमें यह पता ही नहीं होता कि हमें क्या प्राप्त करना चाहिए अपने जीवन स्तर को सुधारने के लिए। एक खराब कारीगर हमेशा औजारों में दोष निकालता है बजाए अपने

आप को सुधारने के। वह जो चीजें उसे मिलती है, उसमें खराबियाँ निकालकर अपना समय गँवाता है।

अंग्रेजी में एक कहावत है ''ए मिस बाई एन इंच इज ए मिस बाई ए मील।'' इसका अर्थ होता है कि आपकी एक इंच की भूल अंततः एक मील की गलती साबित होती है। आप अपने आपको आगे बढ़ाने का कार्य नहीं कर रहे हैं तो आप अपने आपको नीचे धकेल रहे हैं।

आज के समय में सबको अपने जीवन स्तर को बढ़ाने की चाह है किन्तु वे ही आगे बढ़ पाते हैं जो निरन्तरता के साथ बदलाव की सोच से अपने जीवन को हर पल सुधार करते हैं।

जब मौसम के अनुसार न चलने से स्वास्थ्य खराब हो जाता है, उसी तरह धारा के अनुसार न चलने से जीवन बिगड़ जाता है। इस किताब को बनाने का खास मकसद यह है कि हम अपनी सोच को समय–समय पर बदलें जिससे कि आने वाला समय हमारे पक्ष में रहे, हमें अपने लक्ष्यों को प्राप्त करने में ज्यादा समय ना लगें।

सभी को पता होता है कि वे किन रास्तों पर हैं किन्तु क्या वे रास्ते उनकी मंजिल को मिलते हैं या उन्हें दुनिया से अलग कर देते हैं, ये चुनाव वे कभी नहीं कर पाते हैं। यह पुस्तक उन सभी की मदद करती है कि किन आदतों के चुनाव से सफलता प्राप्त की जाती है। इस किताब में कामयाब लोगों की अच्छी आदतों को समझाया गया है, किन तरीकों से वे अपने जीवन को सुखमय बनाया करते हैं।

जब हम अपनी शक्तियों को भुला देते हैं तो हमें लोगों के कार्यों को पूरा करने का काम मिलता है जबकि अपनी शक्तियों से हम बहुत कुछ प्राप्त कर सकते हैं। अपनी सोच के द्वारा हम एक राजा जैसी जिंदगी भी जी सकते हैं बशर्ते आप नियमों का पालन

करें और अपने आप पर कार्य करें। सफलता आपको मिलकर ही रहेगी क्योंकि सोच के द्वारा ही कामयाबी प्राप्त की जाती है।

व्यवहार में थोड़ा सा समारात्मक बदलाव जीवन में एक नई तरंग ला सकता है। कई जगह जहाँ पैसा काम नहीं करता, वहाँ आपका व्यवहार काम कर जाता है। एक व्यवहार कुशल व्यक्ति की पहचान उसे प्राथमिकता के रूप में आगे बढ़ाती है। इस पुस्तक में अपनी सोच को बदलने पर काफी जोर दिया है क्योंकि यह एकमात्र ऐसी चीज है जो हमारा साथ जीवन भर दे तो सफलता कभी हमसे दूर नहीं रह सकती।

अक्सर लोग पैसा तो कमा लेते हैं किन्तु उसे कैसे बढ़ाया जाये, उसे कैसे प्रबंध किया जाये, उसमें वह पीछे रह जाया करते हैं। परिणामस्वरूप जो पैसा उन्होंने दिन-रात एक कर कमाया होता है, वही उनके हाथ से एक दिन फिसल जाता है जैसे मुट्ठी में रखा पानी फिसल जाता है। इस पुस्तक में ऐसे तरीके बताये गये हैं जो न केवल आपके पैसों का सही प्रबंध करेंगे अपितु आने वाली पीढ़ी तक भी पहुँचाने का कार्य करेंगे।

समय सभी के पास सीमित है लेकिन इसका सही इस्तेमाल कुछ प्रतिशत लोग ही कर पाते हैं जबकि बाकी लोग बस सोचने में ही अपना आधे से ज्यादा समय गवाँ देते हैं। जब समय ही नहीं रहता उनके पास तो वे पुरानी यादों, दुखों और पीड़ा में जिंदगी गुजार दिया करते हैं। समय के पल-पल को सदुपोग में लीजिए एवं अपनी जिंदगी को बर्बाद होने से रोकिये।

लक्ष्य प्राप्त करने की अत्याधुनिक विधि इसमें दर्शायी गयी है। अपने लक्ष्यों को लिखें जो आप इस जिंदगी में पाना चाहते हैं। उन सबको लिख डालें और बताई गई विधियों के द्वारा कार्य कर हासिल करें। आपके लक्ष्य सिर्फ आपके हैं, उन्हें पूरा करने की जिम्मेदारी भी आपकी है। अपने लक्ष्यों के बारे में बात करें, सोचें और कार्य करें एवं लक्ष्यों को पूरा होते देखें।

स्वास्थ्य की चिंता तभी होती है जब यह खराब हो जाती है किन्तु जब यह सही हो तभी जिंदगी सतरंगी हुआ करती है। अपने स्वास्थ्य को इन नियमों की मदद से बेहतर करें और स्वस्थ मस्तिष्क का निर्माण करें। जिंदगी का अनमोल पहिया है आपका स्वास्थ्य, इसे हर पल ऊर्जावान और सेहतमंद रखकर ही इस जीवन को आलीशान बनाया जा सकता है।

यह पुस्तक बस इतना बताना चाहती है कि इन रहस्यों पर चलने से मुझे और कई हजारों लोगों को जीवन में क्या आश्चर्यजनक परिणाम मिलें, उन्हीं का बखान करती है।

सब कुछ हो लेकिन आपकी नैटवर्थ ही ना हो तो जिंदगी ऐसी होगी जैसे घने जंगल में आपके पास आज ही का खाना बचा है। अपने दिमाग को मेहनत के लिये लगायें, उसे लोगों की समस्याओं को हल करने में मदद करें। पैसे बनाने के सिर्फ एक रास्ते पर निर्भर नहीं रहें बल्कि कई रास्ते बनायें और सबसे महत्वपूर्ण सम्पत्ति बनाने पर जोर दें।

रिलेशनशिप जितना बड़ा शब्द है, इसमें आपकी पुरी दुनिया समाई है। इसके बिना इस जिंदगी का मूल्य शुन्य है क्योंकि इसमें शब्दों का कम, समझदारी का प्रयोग ज्यादा होता है और धैर्य अगर मिल पाये तो यह इंसान महान बन जाता है।

इस पुस्तक में आपका कैसा जीवन होना चाहिये, के बारे में बताया गया है। मैं यह नहीं कर रहा हूँ कि आप जो जीवन जी रहे हैं वह सही नहीं है बल्कि इसमें क्या सुधार कर इसे और सुंदर बनाया जा सके, के बारे में समझाया गया है। इन तरीकों को अपनी आदत बना लें और अपने जीवन को सरल एवं खुशियों से भरपूर बना लें।

मेरा पूर्ण विश्वास है कि आप सफल इंसान की श्रेणी में उच्च पद पर बहुत कम समय में आने वाले हैं।

अनुक्रमणिका

समर्पित है v
आभार vii
लेखक का संदेश ix
प्रस्तावना xi

1. हाऊ टू मैनेज माइंड 1
2. हाऊ टू मैनेज बिहेवियर 13
3. हाऊ टू मैनेज मनी 24
4. हाऊ टू मैनेज टाईम 44
5. हाऊ टू मैनेज गोल 60
6. हाऊ टू मैनेज हेल्थ 75
7. हाऊ टू मैनेज वेल्थ 89
8. हाऊ टू मैनेज रिलेशनशिप 107
9. हाऊ टू मैनेज लाईफ 124

अंतिम संदेश 140

अध्याय १
हाऊ टू मैनेज माइंड

> जीवन उतना सिरियस नहीं है
> जितना माइंड इसे बना देता है।
>
> – एखार्ट टॉल

परिवर्तन के इस युग में किसी इंसान की सफलता या असफलता सिर्फ एक चीज पर निर्भर करती है, वह है उसकी मानसिकता। अपनी सोच की शक्ति पर ही इंसान जीवन यापन करता है। आप अपनी सोच को घटा और बढ़ा सकते हैं एवं जीवन को सफल बना सकते हैं।

कोई इंसान अगर आज गरीब है तो उसकी छोटी सोच भी उसका कारण है। सफल इंसान बनने के लिए सोचना पड़ता है और गरीब इंसान सोचने से बचता है। इंसान की सोच ही उसे महान बनाती है।

महाभारत के युद्ध में अर्जुन हर विद्या से परिपुर्ण थे, सभी प्रकार के अस्त्र-शस्त्र उनके पास थे, कई वीर योद्धा उनके साथ थे किन्तु फिर भी वे युद्ध नहीं कर पा रहे थे। वे अपने आप को युद्ध के काबिल नहीं समझ रहे थे। तब भगवान श्रीकृष्ण ने अर्जुन को गीता ज्ञान देकर उनकी मानसिकता को बदला... तब जाकर वह युद्ध कर पायें और जीत हासिल की।

क्यों

सकारात्मक मानसिकता की बदौलत ही आज हम मंगल ग्रह तक पहुँच पाये हैं। हर इंसान में दिमाग होता है लेकिन वह इसका

इस्तेमाल नहीं करता और इसी वजह से कुछ इंसान आगे बढ़ जाते हैं, कुछ वहीं लौटकर आ जाते हैं जहाँ से वे चले थे।

आज आप सोच–समझकर ही अपने कार्य करते हैं, जैसे गाड़ी चलाना, भोजन करना, फिल्म देखना, यात्राएं करना। इन सभी को पहले आपने दिमाग में सोचा, उसके बाद आपने उनको करना प्रारम्भ किया। कोई भी कार्य दो बार में पूरा होता है, पहला उसके दिमाग में, दूसरा उसके जीवन में।

जैसा आप सोचते हैं, वैसा आप बन जाते हैं।

आपको अच्छा या बुरा इसांन आपका दिमाग ही बनाता है। वैसे तो कई कारण हैं जो दिमाग को अच्छा बनने से रोकते हैं लेकिन उनमें ये तीन सबसे महत्वपूर्ण हैं।

1. सोच में बदलाव नहीं लाना –

इंसान जैसा बचपन में सोचता था बस उसे ही सम्पूर्ण मानता है, अपनी सोच को कभी बढ़ाता ही नहीं। जब आपके सभी दिन एक जैसे नहीं व्यतीत होते तो अपनी सोच क्यों एक जैसी रखते हैं, क्यों उसमें बदलाव लाने की कोशिश नहीं करते। हमें अपनी मानसिकता को समय–समय पर बदलना चाहिए। ताकि हम समय के साथ चल सकें। यह परिवर्तनशील युग है, अगर आप अपनी सोच को नहीं बदलेंगे तो कभी आगे नहीं बढ़ पायेंगे। एक कामयाब इंसान की तरह सोचें और महान बनें।

प्रतिज्ञा – मैं मेरी सभी परिस्थितियों में अच्छा सोचने का रहस्य अपनाता हूँ, मेरे पास खूबसूरत मस्तिष्क है, मैं शानदार इंसान हूँ।

2. छोटी सोच से पार नहीं पाना –

कुछ फर्क पड़ता है कि आप क्या सोचते हैं लेकिन बहुत फर्क पडता है कि आप किस के बारे में सोचते हैं। आज अगर रोबोट बना है तो इसके पीछे किसी ने बड़ा सोचा था तभी वह रोबोट

बन पाया है। कुछ ही समय पहले की बात है, हमें पानी के लिए नदियों, तालाबों, एवं कुओं तक पैदल जाना होता था, तब हम कुछ पानी ला पाते और आज हम एक स्विच ऑन करते ही मनचाहा पानी काम में ला पाते हैं। इसके पीछे भी किसी इंसान ने बड़ा सोचा और उसे कर दिखाया। जितना हो सके अपनी सोच को बदलें और कुछ अच्छा करके सफल इंसान कहलायें।

प्रतिज्ञा – मैं जिस कार्य के बारे में सोचता हूँ, विश्वास करता हूँ उसी पर प्रयास करता हूँ। मेरे पास खूबसूरत मस्तिष्क है, मैं शानदार इंसान हूँ।

3. अपनी गलत संगत को नहीं बदलना –

यह कटु सत्य है कि इंसान की संगत का असर उसकी सोच को काफी प्रभावित करता है। इंसान जिन लोगों के साथ रहता है, वह वैसा ही सोचता है और वैसा ही बन जाता है। चोरों के साथ रहने वाला और चोर जैसी सोच रखने वाला कभी साहुकार नहीं कहलाता है।

हर इंसान जन्म से जिस माहौल में पलता–बढ़ता है, उसे वह छोड़ता नहीं और उसी की वजह से वह कभी आगे नहीं बढ़ पाता है। आपको आगे बढ़ने के लिए अच्छी संगत का सहारा लेना होगा तभी अच्छे विचार आपके दिमाग में जायेंगे और वे आपको बदलेंगे।

प्रतिज्ञा – तेरे सभी रिश्ते एवं दोस्त मुझे कामयाब होने में मदद किया करते हैं। मेरे पास खूबसूरत मस्तिष्क है, मैं शानदार इंसान हूँ।

इन 9 नियम को अपने जीवन में उतारकर आप अपनी मानसिकता को और अच्छा बना सकते हैं:–

1. सोचें—विश्वास करें ओर प्रयास करें –

जितने भी सफल इंसान बने हैं, उन्होंने इसी नियम से शुरूआत की थी, अपने सोचने की शक्ति को बढ़ाया, अच्छा विचार आया, उस पर उन्होंने विश्वास किया और जब तक सफल नहीं हो गये, प्रयास करते रहे। उन्होंने लक्ष्य को नहीं बदला, अपने काम करने के तरीके को बदला और अन्ततः सफल हुये। खुद का विश्वास ही इंसान को नयी ऊँचाइयों तक ले जाता है। अपने विचारों को विश्वास के साथ मेल खाने दें और प्रयास करते रहें।

मैंने अपनी शुरूआत की एक लेखक से, मैंने जब सोचा कि मुझे लेखक बनना है, इसे मैंने अपने अनमोल मस्तिष्क में बैठा लिया है, हर दिन विश्वास करने लगा, मैं एक अच्छा लेखक बन रहा हूँ।

मैंने इस पर कार्य करना शुरू किया और कुछ वर्षों में लेखक बन गया और बाइन ट्रेसी के साथ एक बुक में सह—लेखक के रूप में भी कार्य किया, इस नियम ने मेरी काफी मदद की।

यह नियम आपकी सभी परिस्थितियों में मदद करता है। आज हम मकान बनाते हैं तो सबसे पहले हम उस पर सोचते हैं, फिर उस पर विश्वास करते हैं कि हम उसे बना लेंगे और फिर उस पर कार्य करना शुरू कर देते हैं। एक दिन हमारी आँखों के सामने हमारा मकान होता है। हो सकता है इसमें समय कम या ज्यादा लग जाये लेकिन हमें परिणाम जरूर मिलता है।

2. अच्छा सोचने का रहस्य अपनायें –

सभी व्यक्ति यह जानते हैं कि हमारे लिए क्या अच्छा है और क्या बुरा... फिर भी हम अच्छाई की ओर आगे नहीं बढ़ पाते हैं, फिर कारण चाहे जो बने, बुरी सोच हमसे वह कार्य भी करा लेती है जिसको हम कभी नहीं करना चाहते हैं। आज से आपको क्या छोड़ना है इस पर ध्यान देने की बजाय, क्या पकड़ना है, इस पर

ध्यान लगायें और मनचाही कामयाबी पाएं। जब आप इस नियम को अपना लेते हैं तो आप भी सफल लोगों के जैसे बन जाते हैं।

हर दिन अपने सोचने के नजरिए को 1 प्रतिशत बदलें, जो भी आप सोचते हैं उसको 1 प्रतिशत और अच्छा सोचें, आप पायेंगे कि आपके निर्णय लेने की शक्ति बढ़ गई, आपके परिणाम और ज्यादा अच्छे आने लग गये हैं। आप कुछ ही महीनों में ऐसे परिणाम प्राप्त करेंगे जिसकी आपने कभी वर्षों में भी कल्पना नहीं की होगी। अच्छी सोच इंसान को कभी गुमराह नहीं होने देती।

सोच के द्वारा ही इंसान बड़ा बन जाता है और अपने सपनों को हासिल कर सकता है। धीरूभाई अंबानी ने पेट्रोल पम्प पर नौकरी करते हुये भी अपनी सोच को ऊँची रखी और परिणाम हमारे सामने है। हर परिस्थिति में अच्छा सोचें क्योंकि समय है कभी अच्छा होगा, कभी बुरा भी होगा पर आप क्या सोचते हैं, यही मायने रखा जायेगा।

3. चिंता के संसार से दूर रहें –

आज जो आपको मिला है, वह आपके बीते कल का परिणाम है। आप अपने बीते हुये कल को नहीं सुधार सकते तो फिर चिंता किस बात की। इंसान चितिंत है वह यह सोचता है कि उसकी चिंता से उसकी समस्या का समाधान हो जायेगा जबकि उसे यह पता नहीं है कि वही चिंता उसका अंतिम संस्कार भी करा सकती है।

आप अपने बीते हुए कल को नहीं बदल सकते
आप अपने आने वाले कल को नहीं बदल सकते
आप सिर्फ अपने आज को ही बदल सकते है।

एक ही पुराने विचार को कई बार सोचने से समस्या नहीं सुलझती। बल्कि और बढ़ जाती है। आपको समस्या का समाधान चाहिए होता है। जबकि आप और नयी समस्याओं को जन्म दे

देते हैं। समस्याओं का समाधान ढूँढे और उस पर कार्य करें। क्योंकि समस्याओं से जितना दूर भागने की कोशिश करेंगे, वे उतनी ही ज्यादा आपकी ओर आयेंगी।

समस्या और ट्रैफिक पुलिस इन दोनों मे कुछ समानताएं हैं। जितना आप इनको देखकर भागेंगे, उतनी ही ये आपके पीछे आयेंगी। आप इनसे लड़कर या बचकर जीत नहीं सकते। आप सिर्फ शांत रहकर एवं समाधान के बारे में सोचकर आगे बढ़ सकते हैं।

चिंता पर कर्म – परिणाम – असफलता
समाधान पर कर्म – परिणाम – सफलता

4. प्रकृति के साथ समय बिताएं –

जब आप प्रकृति से जुड़ते हैं तो खुद से जुड़ते हैं। प्रकृति के साथ बिताया गया हर एक पल कभी व्यर्थ नहीं जाता। जब भी आपको लगता है कि कुछ नहीं मिल रहा जो आपके पास होना चाहिए तो आपको प्रकृति का सहारा लेना चाहिए... उसके साथ समय बिताना चाहिए।

इंसान जितना व्यस्त होता जा रहा है, उतना ही अकेला होता जा रहा है। एक प्रकृति ही है जिसने उसे बचा रखा है। वह निस्वार्थ भावना के साथ हर समय काम करती है। जब भी आपको लगे कि आपका जीवन बदल नहीं रहा, आपको कुछ समय प्रकृति के साथ बिताना चाहिए। एक महीने में कम से कम 2 या 3 दिन आपको कहीं घूमने जाना चाहिए। वन, पानी, झरने, शांति, खुली हवा, साफ वातावरण और पहाड़ एवं नदियाँ, ये सभी हमें बहुत कुछ सीखा सकती हैं। बस हममें सीखने की चाह हो क्योंकि प्रकृति की सभी चीजों में कुछ न कुछ अलग है।

केटरपिलर जिसे दुनिया का अंत कहता है, मास्टर उसे तितली कहते हैं।

– रिचर्ड बैक

पुस्तक और प्रकृति से बेहतर दोस्त इस दुनिया में और कोई नहीं है क्योंकि जब इनको समझना शुरू करते हैं अपने दिमाग को और बेहतर करना शुरू कर पाते हैं। प्रकृति हमारे वे बंद दरवाजे भी खोल देती है जिसे कोई और तरीके से नहीं खोला जा सकता। जिस तरह आप अपने दोस्त को समय देते हैं, उसी तरह अब से प्रकृति को भी समय देना शुरू करें, मनवांछित परिणाम प्राप्त करें।

5. ध्यान से जीवन महकायें –

कुछ अच्छी चीजें ऐसी होती हैं जिन्हें आपको सीखना होता है जो आपकी मन की स्थिति को सही बना सकें। सफल इंसान दिन में 30 मिनिट का समय ध्यान में लगाते हैं। इस ध्यान के माध्यम से ही वे बड़े–बड़े फैसलों को सही तरीके से समाधान के रूप में प्राप्त करते हैं। ध्यान करने के कारण ही इंसान को खुशी एकाग्रता, आत्म जागरूकता, विश्राम और अन्य सकारात्मक गुणों और भावनाओं से जुडे मस्तिष्क क्षेत्रों के भीतर उन्नत मस्तिष्क गतिविधियों के संकेत दिखाएं। ध्यान न सिर्फ मानसिक अपितु शारीरिक, भौतिक एवं आध्यात्मिक समस्याओं को भी हल करता है।

आज के समय में ध्यान कई प्रकार से हो सकता है किन्तु सबसे सरल ओर सुगम तरीका ॐ (ओम) का जाप करना होता है।

हर सुबह हम पुनः जन्म लेते हैं
हम आज के दिन क्या करते हैं
यही सबसे अधिक मायने रखता है।

जहाँ पर शांति और ध्यान है, वहाँ न तो चिंता है और ना ही संदेह है। जिस रास्ते में चिंता और संदेह न हो, वहाँ परिणाम हमारे अनुकुल होता है।

6. दोस्त, जो आपकी सोच को समझे –

जीवन में एक ऐसा मित्र तो आपके पास होना ही चाहिए जो आपकी हर संभव मदद कर सके, जो आपको समझे। जब कोई इंसान आपको समझता है तो आप अपने अच्छे एवं बुरे विचार उन्हें बताते हैं, जिससे आपका दिमाग जो कि काफी भरा हुआ था, अब वह खाली होने लगता है।

एक रिसर्च के अनुसार 1990 में सिर्फ 3 प्रतिशत लोगों के पास मित्र नहीं थे और यह आँकड़ाा धीरे–धीरे बढ़ता ही गया और अभी 2021 के सर्वे के अनुसार 12 प्रतिशत लोगों के पास मित्र नहीं हैं।

यह आँकड़ा साल दर साल बढ़ता ही चला जा रहा है। बिना मित्र के आगे बढ़ पाना और अपनी समस्या का समाधान पाना मुश्किल हो जाता है।

आज लोगों के पास अपने दोस्तों को देने के लिए समय ही नहीं बचा है। जब समस्याएं आती हैं तो इंसान अपने आप को अकेला पाता है और वह समस्या से हार मान लेता है। किन्तु अगर उसके पास मित्र होता तो वह समस्या फिर आधी रह जाती है।

मित्रता की सबसे बड़ी मिसाल भगवान श्रीकृष्ण और सुदामा की जोड़ी है। भगवान श्रीकृष्ण इतने बडे राजा होते हुये भी सुदामा को कभी नहीं भुले और उदार भाव से उसकी मदद की।

एक नियम बना लें, हर साल खूब सारे मित्र बनायें लेकिन उनमें से कुछ वफादार और मुसीबत के समय साथ दें, ऐसे इंसान भी होएं। क्योंकि सच्चा मित्र जैसा सोचता है आप भी वैसा ही सोचने एवं करने लगते हैं और बढ़ने लगते हैं।

उन तीन मित्रों का नाम लिखें जो आपको कुछ मानते हैं या समझते हैं।

-
-
-

7. 2 प्रतिशत शक्ति का नियम –

इस दुनिया में हर अच्छी चीजें जो आपको मिली हैं, उसे हम भुला चुके हैं... बस हमेंयाद है तो सिर्फ लोगों की वे बुरी बातें या विचार जो उन्होंने हमारे लिए बोले हैं। उन्हीं बातों को याद करके हम अपना जीवन गुजार देते हैं और दोष देते हैं कि जिंदगी खराब है जबकि गलती सिर्फ एक ही है कि हमने हमारे मन को नहीं बदला।

सफल व्यक्ति की सबसे बड़ी खासियत यह होती है कि वे अपने दिमाग में परिवर्तन लाते हैं और असफल इंसान परिवर्तन के नाम से ही डर जाते हैं।

आप एक नियम यह भी अपना लें कि जो आप सोचते हैं उसमे सिर्फ 2 प्रतिशत सुधार करके काम करें। कुछ ही समय में आप प्रसिद्धि हासिल कर लेंगे।

अपने व्यवसाय, नौकरी, परिवार, सेहत सभी के बारे में सोचें और 2 प्रतिशत का मामूली सुधार का कार्य करें। सुधार के द्वारा ही जीवन में आगे बढ़ा जा सकता है। एक ही मानसिकता से जब कार और हवाई जहाज नहीं चलाया जा सकता तो हमारा जीवन कैसे ऊँचाईया प्राप्त कर सकता है एक ही मानसिकता के द्वारा।

अपनी मानसिकता को बदलें और सफल लोगों की श्रेणी में कदम रखें।

उन तीन कार्यों को लिखें जिनमें सुधार की आवश्यकता है, जिससे आप अपने लक्ष्यों को प्राप्त कर सकें।

8. कृतज्ञता महान बनाती है –

कृतज्ञता एक भावना है जिसमें जीवन में अच्छी चीजों के लिए आभारी होना और सराहना करना शामिल होता है। कृतज्ञता हमें वर्तमान के क्षणों पर ध्यान केंद्रित करने और कठिन समय में जीवन में अच्छी चीजों की प्रंशसा करने में मदद कर सकता है। जीवन में अच्छी चीजों पर ध्यान केंद्रित करने और दूसरों के प्रति आभार व्यक्त करने से हम अपने रिश्तों को बेहतर बना सकते हैं एवं शारीरिक और मानसिक स्वास्थ्य को भी बढ़ा सकते हैं।

इन दोनों नियम को अपने दैनिक जीवन में उतारें और चमत्कार देखें–

पहला नियम – अपने दिन की शुरूआत उन अच्छी चीजों के बारे में सोचकर करें जिसके लिए आप आभारी हो सकते हैं।

दूसरा नियम – अपने आस–पास की अच्छी चीजों पर ध्यान देकर उनकी सराहना करें।

सुबह जब उठें तो 10 मिनिट आपके सबसे पहले कार्य यही होने चाहिए।

9. छोटी–छोटी बातों को दिल पर ना लें –

आज का इंसान परेशान छोटी–छोटी बातों से ही है। वह उन छोटी बातों को जोड़ते हुये बड़ा बना लेता है और एक दिन वही छोटी बातें पहाड़ का रूप ले लेती हैं क्योंकि छोटे पत्थर ही हमें घाव देते हैं, बड़े–बड़े पहाड़ नहीं। सफल होने के लिए छोटी और बिना महत्वपूर्ण वाली बातों को छोड़ना होगा।

इन छोटी–छोटी बातों को दिल में रखने से
बड़े–बड़े रिश्ते कमजोर हो जाते हैं।

नदियाँ यह भी सिखाती है कि वह कचरे को किनारे कर पानी को आगे बढ़ा ले जाती है और पानी शुद्ध बनाती है। अगर वह उस कचरे को भी साथ लेकर चलती है तो अपनी महत्ता को भी कम

कर देती है एवं बुरी भी कहलाती है जिससे लोगों की नजरों में उसका मूल्य भी कम हो जाता है।

हमेशा नदी की तरह बनें, अच्छे विचारों के साथ बहते चलें क्योंकि यह दुनिया है... आपके साथ हर दिन अच्छा हो, जरूरी नहीं लेकिन जब बुरा होता है तो वही अच्छे विचार उस बुरे समय को कम कर देते हैं।

कभी चिटियों को देखना, उनका घर कितनी बार मिट जाये, वे फिर से बना लेती हैं, वे बार—बार प्रयास करती हैं और अपना घर बना लेती हैं। वे इस बात को लेकर रोती नहीं हैं कि हाय मेरा घर मिट गया, अपितु वे जो पाना चाहती हें, उस पर काम करती हैं और मंजिल प्राप्त करती हैं।

आज का इंसान कार्य में जब कुछ दुविधा पाता है तो हताश होकर रह जाता है। इन छोटी—छोटी बातों को दिल से लगा लेने के कारण वह अपना महत्वपूर्ण कार्य को भी छोड़ देता है जिसे करना उसको अत्यावश्यक होता है। जब समय निकल जाता है तो फिर उसके पास रोने के अलावा कुछ नहीं बचता।

इसलिए ज्यादा से ज्यादा सकारात्मक चीजों के बारे में, जो आपको मिली है, उनके बारे में सोचें, अच्छे विचारों को अपने साथ रखें, जिन चीजों को आप बदल नहीं सकते, उनके बारे में ना सोचें और अपने दिमाग को उन्नत बनायें।

उन छोटी—छोटी बातों पर ध्यान देना बंद कर दें जो आपको तोड़ देती है। आपके अच्छे दिमाग को बुरा बना देती है और आपका जीवन खराब कर देती है।

हमने क्या सीखा –

ऐसी बातें जो आपकी मानसिकता को ऊपर उठाती है और आपको अच्छा इंसान का दर्जा दिलाती है, उस पर कार्य करें। विचार ही है जो इंसान को सफल और असफल बनाते हैं। हम

अपने दिमाग को सही रख अपने महत्वपूर्ण कार्य को जल्दी कर सकते हैं और लक्ष्य को प्राप्त कर पाते हैं। इन नियमों को हर दिन पढ़ें, आपके जीवन में सुधार आने शुरू हो जायेंगे। आप इंसान हैं, पेड़ नहीं जो कि परिवर्तन नहीं कर सकते हैं। आपका सबसे बड़ा लक्ष्य खुश रहना होता है। जो हमें इन नियमों को पालन करने से मिलता है। इंसान आदतों का गुलाम होता है। सफल इंसान का सारा श्रेय उसकी आदतों को जाता है। इंसान जैसा सोचता है, वैसा बन जाता है।

- सोचे, विश्वास करें एवं परिणाम प्राप्त करें
- अच्छे से अच्छा सोचें
- अपने समाधान का कार्य करें
- प्रकृति का खुब आनंद लें
- ध्यान से समस्या दूर करें
- दोस्तों की सेना बनायें
- छोटा सुधार कर जीवन खुशहाल बनायें
- कृतज्ञता को अपनायें
- छोटी-छोटी बातों से जीवन को ना जलाएं।

अध्याय २
हाऊ टू मैनेज बिहेवियर

हमारे व्यवहार से हम एक ब्रांड बन सकते हैं।
— अखिलेश सोमानी

किसी इंसान को महान बनने में जो सबसे अद्भुत चीज की जरूरत होती है, वह है आपका व्यवहार। आप लोगों के साथ किस तरह पेश आते हैं, यही आपका व्यवहार बताता है। अपने व्यवहार को ऐसा बनाईये कि आपके सभी कर्म से आपको सफलता का अनुभव प्राप्त हो। व्यवहार से आप वे चीजें भी पा सकते हैं जो आप कड़ी मेहनत से नहीं पा सकते। अपने व्यवहार को अच्छा बनाकर आप अपने आप को भी बदल सकते हैं एवं अपने लक्ष्यों को जल्दी प्राप्त कर सकते हैं।

यह महाराणा प्रताप का व्यवहार ही था जिसने चेतक को 21 फीट नदी को पार करने की क्षमता प्रदान की और महाराणा प्रताप को बचाया। आज चेतक को राजस्थान या भारत ही नहीं अपितु पूरी दुनिया जानती है, अपने त्याग एवं बलिदान के खातिर।

व्यवहार बनता है इच्छा, भावना और ज्ञान के मिलने से। बीते परिणाम को नहीं बदला जा सकता किन्तु व्यवहार को बदल कर आने वाले परिणाम को जरूर बदला जा सकता है।

क्यों

व्यवहार को हर काल में, हर समय में महत्वपूर्ण माना गया है। व्यवहार के माध्यम से ही उस इंसान की प्रतिष्ठा को आका जाता है क्योंकि व्यवहार इंसान को ऊँचा उठाने में काफी मदद करता आया है और करता रहेगा।

किसी व्यक्ति को जीवित रहने, स्वास्थ्य, भावान्तमक और शारीरिक कल्याण में महत्वपूर्ण भूमिका निभाता है। बिना व्यवहार के इंसान का तात्पर्य है, बिना छाव वाला पेड़।

अच्छे व्यवहार के द्वारा सफलता पाना आसान हो जाता है, किसी इंसान का दिल आसानी से जीता जा सकता है और कार्य को आसान बनाया जा सकता है।

जज भी उसी कैदी की सजा कम कर देता है जिसका व्यवहार अच्छा होता है क्योंकि अच्छे व्यवहार से आप वह भी पा सकते हैं जिसे आप पैसों से प्राप्त नहीं कर सकते। अच्छे व्यवहार को कभी पैसों से तो नहीं आका जा सकता लेकिन वह लाखों दिलों को जीतने की ताकत रखता है।

वैसे तो कई कारण हैं जो अच्छा व्यवहार बनने से रोकते हैं किन्तु इन तीन तरीकों को महत्वपूर्ण माना गया है लेखक के विचार से –

1. बहस जीतने की कोशिश –

इंसान जब किसी से बात करता है तो वह उस बातचीत को जीतने की कोशिश करता है, वहाँ उन शब्दों को भी बोल देता है जो उसे कभी नहीं बोलने चाहिए और जीत कर भी सबकुछ हार जाता है एवं सामने वाले इंसान को खो बेठता है।

वह अपनी सोच ही ऐसी रखता है कि कोई भी इंसान उससे बातचीत करके जीत नहीं सकता। ऐसे व्यवहार से आप किसी वयस्क तो क्या बच्चे को भी अपना नहीं बना सकतें।

बहस करके आज तक कोई सफल इंसान नहीं बना अपितु उसने अपनी मान, प्रतिष्ठा और वैभव को खोया है।

क्या आपमें बहस करने की आदत है ? इसे आज ही बदलने का प्रयास करें और सही मानसिकता के साथ सफल इंसान बनने का प्रयास करें।

प्रतिज्ञा – मैं सभी का सम्मान करता हूँ। मैं सभी से सम्मान पाता हूँ, मेरा व्यवहार सकारात्मक है, मैं शानदार इंसान हूँ।

2. दोष देकर महान बनना –

यह बेहद बुरी आदत है कि कुछ अच्छा हो जाये तो स्वयं ने किया और कुछ बुरा हुआ तो सामने वाले की गलती से हुआ। ऐसे व्यवहार वाले इंसान से सभी दूरी बनाना पसंद करते हैं। आप लोगों को दोष देकर कभी आगे नहीं बढ़ सकते।

रामायण में भगवान राम को जब 14 वर्ष का वनवास मिला तो राम जी ने ना तो पिता को, ना माता कैकयी को और ना ही किसी और को दोष दिया बल्कि आशीर्वाद लेकर हँसते हुए उसे ग्रहण किया। उन्होंने इसे अपना कर्तव्य माना और उसे पूरा कर दिखाया।

क्या आप भी हर बात के लिए हर चीज के लिए लोगों को दोष देते हैं? इसे आज ही परिवर्तित करें और सही मानसिकता के साथ सफल इंसान बनने का प्रयास करें।

प्रतिज्ञा – मैं लोगों की गलतियों को याद नहीं रखता, उन्हें माफ कर देता हूँ। मेरा व्यवहार सकारात्मक है, मैं शानदार इंसान हूँ।

3. अपनी तुलना लोगों से करना –

हर इंसान एक–दूसरे से भिन्न होता है जिस वजह से उनका परिणाम भी भिन्न–भिन्न होता है। ईश्वर ने सभी को इसलिए अलग बनाया ताकि दुनिया संतुलन के साथ चल सके। आप सर्वश्रेष्ठ हैं। किंतु इंसान स्वयं को कमजोर समझता है और दूसरों को सर्वश्रेष्ठ मानता है।

व्यक्ति अपनी तुलना करता है कि वह मेरे से ज्यादा पैसे वाला है, उसके पास कई गाड़िया हैं, उसके पास कई सम्पति है, उसे खूब सारे लोग पसंद करते हैं। यह सब गलत सोच का परिणाम है।

यह सब परिस्थितियों पर निर्भर करता है। सभी व्यक्तियों में अलग–अलग क्षमता पायी जाती है। तुलना करके हम उस क्षमता को कमजोर बनाते हैं।

इस चित्र से आप समझ सकते हैं कि सोच ही इंसान को अपने कार्य व्यवहार और परिणाम प्राप्त करने में मदद करती है –

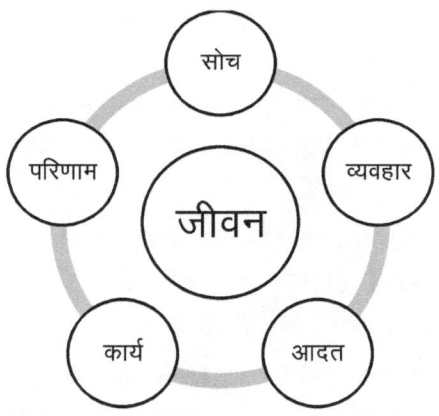

क्या आप भी अपनी तुलना अन्य लोगों से करते हैं? इस मानसिकता को बदलें और सही मानसिकता के साथ सफल इंसान बनें।

प्रतिज्ञा – मैं अपनी तुलना अपने आप से कर अपना व्यवहार बढाता हूँ। मेरा व्यवहार सकारात्मक है, मैं शानदार इंसान हूँ।

इन 9 नियमों की मदद से आप अपने व्यवहार को और बेहतर कर सकते हैं और महान इंसानों की श्रेणी में जा सकते हैं –

1. सम्मान करने की आदत –

व्यवहार कुशल इंसानों में सम्मान करने की आदत पायी जाती है। आप सभी का सम्मान करें, यह ना देखें कि वह आपसे छोटा या आपसे कमजोर है।

आज हर रिश्ता या तो बिखर रहा है या हल्का होता जा रहा है। सभी को किसी न किसी से कुछ चाहिए होता है और जब देने की बारी स्वयं की आती है तो वह कहता है कि मेरे पास देने के लिए कुछ भी नहीं है।

उसी तरह व्यक्ति को चाह रहती है कि पुरी दुनिया उसका सम्मान करें, उसे हर जगह प्रतिष्ठा मिले किन्तु जब उसे कहा जाये कि आप लोगों का या समाज का सम्मान करते हैं तो उसके शब्द मौन में परिवर्तित हो जाते हैं।

आज कुछ बुरा हो रहा है तो उसको बदला जा सकता है कुछ अच्छा करके, सम्मानित लोगों के साथ रहकर क्योंकि जो आप देते हैं, वही लौटकर आता है। सम्मान मिलता है सम्मान देने से।

छोटे बच्चे को मुस्कुरा कर देखें। वह भी आपकी ओर देखकर मुस्कुरायेगा। अपनी सोच को इस तरह बदलें कि सभी आपको पसंद करें। जिस से भी मिलें सच्ची प्रंशसा करें, उचित तरीकों को इस्तेमाल करें, जो चीजें आपको मिली हैं, उसी की तारीफ से शुरूआत करें।

2. लोगों को सुनना सीखें –

हर व्यक्ति चाहता है कि सब उसे सुनें, समझें लेकिन अक्सर ऐसा नहीं होता है क्योंकि सभी सुनाना चाहते हैं, सुनना कोई नहीं चाहता।

तकलीफों के बढ़ने का एक कारण यह भी है कि सुनना कोई पसंद नहीं करता, फिर चाहे गलती हो या नहीं उससे कोई फर्क नहीं पडता। लेकिन वह किसी की सुनना नहीं चाहता। उसे

लगता है कि उसके पास जो ज्ञान है, वही सही एवं फायदेमंद है न कि सामने वाले का ज्ञान। जब वह सुनना बंद कर देता है, वह अपने आगे बढ़ने के रास्तों पर खुद ही ताला लगा देता है।

लोगों को सुनने से न सिर्फ रिश्ते मजबूत होते हैं अपितु कई बार अपनी सोच भी बदल जाती है क्योंकि हर नई सोच नया परिणाम लाती है।

21 वीं सदी में कई नई तकनीकों ने काम शुरू किया और इंसानों को खूब धन, सम्पत्ति, वैभव, सम्मान मिला है लेकिन अगर आप इन सभी को बनाये रखना चाहते हैं तो आपको सुनने की कला में माहिर होना होगा।

सुनने की आदत के द्वारा आप अपने ज्ञान को बढ़ा सकते हैं और अपने जीवन को अगले स्तर पर ले जा सकते हैं।

3. अपने धर्म के साथ जुड़ें –

ईश्वर हर चीज में है और हर चीज से ऊपर भी है। आप अपने व्यवहार को अपने धर्म के साथ कैसा बनाते हैं, यह बहुत मायने रखता है। आज हम अपना धर्म भूल रहे हैं, वही करते हैं जो हमें पसंद आता है और जब समस्याएं आ जाती हैं तब हमें दोष देने के अलावा और कोई कार्य नहीं बचता।

जितना हो सके अपने ईश्वर का ध्यान करें क्योंकि हम चाह कर भी नया नहीं कर सकते जो उन्होंने हमारे लिए लिखा है। अपने ईश्वर के लिए 30 मिनिट का समय जरूर निकालें क्योंकि जब आप ईश्वर के बारे में सोचते हैं तो अच्छे विचारों को आर्कषित करते हैं और अच्छा विचार अच्छा व्यवहार बनाता है।

4. लोगों की गलतियों को भुला दें –

अपने व्यवहार को सबसे अच्छा बनाने का एक तरीका यह भी है कि सामने वाले इंसान की गलतियों को आप भुला दें। आज हर इंसान दूसरों की गलतियों को अपने दिमाग में लिये घूमता है

जबकि वह उसके किसी भी काम की नहीं होती। आप जब उस गलती को सुधार नहीं सकते तो फिर वह आपके किसी भी काम की नहीं तो क्यों उस बोझ को अपने साथ रखना।

हर दिन किसी एक इंसान की गलतियों को माफ कर दें और अपनी जनरल में उस इंसान का नाम लिख दें कि मैंने उस इंसान की सभी गलतियों को माफ कर दिया है क्योंकि अपने जीवन को आसान या मुश्किल हम ही बनाते हैं, कोई और कभी नहीं।

इस चित्र को समझिए –

गलतियों को याद रखना

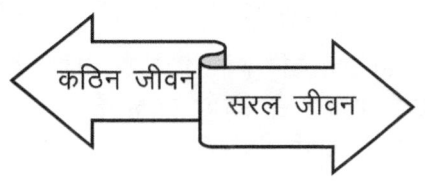

गलतियों को भुला देना

5. लोगों को समझें –

अच्छा व्यवहार लोगों को गलत समझने से नहीं मिलता।
आप लोगों की कमियों के बजाए उनकी गुणवत्ता को जानें। माना कि कमल का फूल दलदल में खिलता है तो क्या हम उसे अपनाते नहीं हैं जबकि वह हमारे हाथ में आने पर खुशियों से भर देता हैं। लोगों को अच्छाई की नजर से देखें, उनकी बातों में अच्छाईयों को ढूँढे।

जब कभी किसी से बात करें तो उसको सुनने से पहले गलत ना ठहरायें, उसे समझने की कोशिश करें... हो सकता है कहीं ना कहीं वह सही हो।

जब आप लोगों को समझेंगे, वही लोग आपको समझेंगे। आप लोगों को समझदार मानेंगे तो वही लोग आपको भी समझदार मानेंगे। लोगों को समझकर फिर निर्णय लें एवं अपने व्यवहार को उन्नत बनायें।

6. ईमानदारी का साथ निभायें –

अच्छा व्यवहार ईमानदारी की नींव पर ही बनता है जिस दिन आप ईमानदारी को छोड़ना शुरू करते हैं अपनी नींव को खोखली होनी शुरू करते हैं।

मिसाइल मैन के नाम से मशहूर डॉ ए.पी. जे अब्दुल कलाम की जिंदगी से हमें यह सीख मिलती है कि मेहनत और ईमानदारी के साथ किया गया कार्य आपको अच्छे परिणाम दिलाता है।

आज वह भले ही इस दुनिया में नहीं है लेकिन फिर भी उनका नाम गौरव एवं सम्मान से लिया जाता है। उनके व्यवहार की आज भी तारीफें की जाती हैं।

ईमानदारी भी चॉकलेट की वेफर की तरह है... जैसे चॉकलेट की वेफर अंदर के चॉकलेट के बारे में बताता है, उसी तरह इंसान की ईमानदारी उस इंसान को प्रदर्शित करती है।

ईमानदारी का गुण आपकी वेल्यु बढ़ाने का काम आसानी से कर सकता है। ईमानदारी से बढ़ता है विश्वास और विश्वास से बढ़ता व्यवहार और व्यवहार से बढ़ता है इंसान।

7. घमण्ड की परिधी से दूर रहें –

घमण्ड ऐसी चीज है जिसने कई महान शक्तिशाली लोगों को धूल चटा दी। जिन इंसानों ने कभी धूल नहीं देखी उन्हें नंगे पाव सड़क पर ला दिया।

अच्छी चीजों को लाना पडता है, बुरी चीजें आ जाती हैं।

हमेशा ध्यान रखें अपने व्यवहार में बुरी चीजों को किसी भी कीमत पर शामिल ना होने दें। ऐसे इंसान से दूर रहें जो आपके विचारों से मेल ना खाते हो।

घमण्ड ऐसी चीज है जो होने पर लगता है कि वही इस दुनिया में सही सोच रहा है बल्कि सभी गलत सोच रहे हैं। आप अपने कर्मों को सुधार सकते हैं, किसी और के कर्मों को नहीं।

तो याद रहे जब घमण्ड आ जाये, आपको लगे कि मैं हर बार सही हूँ बाकि सारी दुनिया गलत है तो एक बार मोक्षधाम की सैर जरूर कर आयें। वहाँ अपने को सही और दुनिया को गलत कहने वाले सभी मिट्टी में मिले पड़े हैं। अपने व्यवहार को सरल बनायें और सादगी भरा जीवन जियें।

8. अपनी जिम्मेदारी समझें –

जिंदगी में खुशी का न होने का सबसे बड़ा कारण है हमारी जिम्मेदारी न उठाने की आदत। हम हर समय बस यही चाहते हैं कि कुछ सही करना है तो वह कार्य किसी और का है, हमारा कार्य बस उन चीजों को उपयोग लेना है।

कार्य को अपनी जिम्मेदारी समझ कर समाधान प्राप्त करना यही सबसे बड़ा कार्य है। अगर आज आपके रिश्ते खराब हैं, आय के ज्यादा स्त्रोत नहीं हैं, स्वास्थ्य अच्छा नहीं है, समस्याएं दिन-प्रतिदिन बढ़ रही है तो इन सभी का केवल एक ही हल है। अपनी जिम्मेदारी को समझें और अपनी समस्याओं को हल करें। अगर आप यह कार्य नहीं करेंगे तो आपकी मदद भी कोई और कभी नहीं करेगा।

तीन जिम्मेदारी लिखें जिसे आप आज से ही पूरा करने का निर्णय लेते हैं –

आपकी जिम्मेदारी लेने की आदत आपकी सोच को बदलेगी और सफल इंसानों के संघ में शामिल करायेगी।

9. क्रोध से बचें –

आप को जिंदगी लग सकती है अपने व्यवहार बनाने में और आप बुरे बन सकते हैं क्रोध करके ओर वह भी कुछ समय ही में। गुस्सा करके अपनी जिंदगी को खराब कर सकते हैं जबकि गुस्सा ना करके एक शानदार इंसान बन सकते हैं।

अपने व्यवहार को शालीनता वाला बनायें क्योंकि गुस्सा करके कार्य में तो सफलता प्राप्त की जा सकती है किन्तु व्यवहार कुशल नहीं बना जा सकता। जिंदगी में बुरा दौर न सिर्फ आपके साथ बल्कि इस दुनिया में जन्में सभी जीव का आता है। उस बुरे दौर में आप गुस्सा करके अपने व्यवहार को घटा लेते हैं जबकि बुरे दौर में शांत रहकर उसे उच्छी तरह से गुजारा जा सकता है।

गुस्सा ना करने की कोई दवाई नहीं आती है जिससे कि आपका गुस्सा शांत हो जाये। आपको दिमाग में यह बात पहुँचानी होती है कि गुस्सा ऐसी चीज है जो आपकी जिंदगी को कम कर सकता है, आपकी इज्जत को कम कर सकता है। आपके सम्बन्धों को बिगाड़ सकता हैं। गुस्से से हुये नुकसान की भरपाई लाखों रूपये देकर भी नहीं की जा सकती है।

गुस्सा मुख्यतः दो परिस्थितियों में ज्यादा पलता है –

- जब आप स्वास्थ्य सम्बन्धी परेशानियों से जुझ रहे हैं।
- जब आप अपमानजनक स्थिति में अपने आप को पाते हैं।

यह प्रकृति का नियम है। सभी दिन एक जैसे नहीं हो सकते, फिर चाहे राजा हो या फकीर। अपने बुरे समय में क्रोध ना करें। जितना हो सके, संयम से काम लें। जब क्रोध आये तो दो मिनिट के लिए उसके परिणाम के बारे में सोचें, विचार करें क्योंकि इससे नुकसान आपका ज्यादा होता है।

जब भी गुस्सा आये, वह जगह तुरंत छोड़ दें। एक और समाधान यह है कि ध्यान दें कि आपके नियंत्रण में क्या है और क्या नहीं।

जो चीज आपके नियंत्रण में नहीं है, उसे कंट्रोल करने की कोशिश नहीं करें बल्कि जिसे नियंत्रित कर सकते हैं, उसे संभालें।

> "अगर आपको गुस्सा दूसरों की कमियों पर आ रहा है तो असल में कमी आपके अंदर है, दूसरों में नहीं"
> – अखिलेश सोमानी

हमने क्या सीखा –

आपका समय कैसा चल रहा है, उससे सामने वाले को कोई मतलब नहीं होता। बस आपका व्यवहार कैसा है, यह मायने रखता है। अपने व्यवहार को ऐसा बनायें कि हर इंसान जो आपसे मिले, अपने दुख भूल जाये क्योंकि जो इंसान खुश रहता है उससे हर इंसान मिलना पसंद करता है।

हो सकता है आज आपका समय ना चल रहा हो लेकिन आप के हाथ में यह है कि अपने व्यवहार को शांत और सौम्य बनायें ताकि बुरा समय जल्दी गुजर जाये। समय है, बुरा भी आयेगा और अच्छा भी आयेगा लेकिन निष्कर्ष यह निकाला जायेगा कि आपने बुरे समय को किस प्रकार बिताया और अच्छे समय को किस काम में लगाया। यही 9 वंडर्स है।

- सम्मान से खुशियाँ लायें
- बोलने से पहले सुनें
- धर्म के प्रति आस्था रखें
- लोगों को माफ करना सीखें
- सोच समझ कर बोलें
- ईमानदारी रखें
- घमण्ड से बचें
- जीवन में जिम्मेदारी लेना सीखें
- क्रोध से दूर रहें।

अध्याय 3
हाउ टू मैनेज मनी

"जिस व्यक्ति की मैं व्यवसाय में सबसे अधिक प्रशंसा करता हूँ, वह है वारेन बफेट। उनके पास शानदार विचार है और वह अपने विचारों से चिपके रहते हैं"

– बर्नार्ड अरनॉल्ट

सन् 1440 ईसवी में जर्मनी के योहानेस गुटेनबर्ग (JOHANNES GUTENBERG) ने मुद्रा का आविष्कार किया। इन्हें मुद्रा का जनक भी कहा जाता है। योहानेस ने ही मुद्रा की खोज करके पूरी दुनिया को मुद्रा का महत्व समझाया।

अलग–अलग समय में पैसे का काम अलग–अलग चीजों ने निभाया। कभी पालतु पशुओं को, कभी फसलों से मिले अनाज को तो कभी मूल्यवान धातुओं को आदान–प्रदान किया गया लेकिन जब इस दुनिया में पैसे का लेन–देन शुरू हुआ, इन चीजों का आदान–प्रदान कम हो गया।

क्यों –

पैसा दुनिया का दूसरा सबसे शक्तिशाली हथियार है जिससे आप दुनिया को बदल सकते हैं। एक समय था जब इंसान पैसों की बजाए अपने व्यवहार से अपनी पहचान बनाता था। आज आपके पास कितना पैसा है और कितने लोगों का घर आपकी वजह से चल रहा है, यह महत्व रखता है।

फर्क नहीं पड़ता आप पैसे के बारे में क्या सोचते हैं, क्योंकि जैसा पैसों के बारे में आप सोचते हैं, वैसा ही पाते हैं। इस अध्याय में जो आप सीखने वाले हैं, उससे आपकी जिंदगी बदल सकती है।

ये आपकी सोच, कार्य करने की विधि और तकनीक एवं आपकी कार्यकुशलता को बढ़ा सकती है और आपको अपने क्षेत्र के सबसे श्रेष्ठ लोगों में से एक बना सकती है।

आपको ये तो पता ही है कि बेहद सफल इंसानों के पास पैसा प्रचुर मात्रा में होता है। लेकिन ये प्रचुरता एक दिन में नहीं मिलती। इसे पाने के लिए कुछ वर्षों तक लगातार मेहनत, सही सोच और अपने लक्ष्यों पर कार्य से प्राप्त होती है। आप जिस किसी सफल इंसान को देखते हैं, उनमे ये तीनों गुण पाये जाते हैं।

आपके पास जितने ज्यादा पैसे कमाने के विकल्प होते हैं, आप उतने ही ज्यादा स्वतंत्र बनते हैं। आप नौकरी करते हैं या व्यवसाय करते हैं, यह कुछ प्रतिशत मायने रखता है। महत्वपूर्ण यह है कि आपके पास कितने आय के स्त्रोत हैं और कितना पैसा आप बचाते हैं।

"'पाई-पाई बचाना ही पैसा कमाना है"।
– बेजामिन फ्रेंकलिन

पुराने समय में इतने व्यवसाय नहीं थे, इंटरनेट नहीं था और ना ही स्टॉक मार्केट था। तब उनका बैंक साहुकार हुआ करते था जो उनकी सुख-दुख में मदद किया करते थे और वे खुशी से जीवन यापन करते थे। आज की स्थिति कुछ अलग है। इंसान के पास सब कुछ होते हुये भी पैसों की हर वक्त कमी सी है, जिस वजह से वह अपने जीवन को मानसिक तनाव में ही समाप्त कर लेता है।

क्या आप भी मानसिक तनाव में हैं? पैसों की कमी से जुझ रहे हैं? अपने सम्बन्धों को मनचाही चीज नहीं दिला पा रहे हैं? तो ये अध्याय आपकी इस बारे में काफी हद तक मदद करेगा। आप इस पुस्तक को अब तक पढ़ रहे हैं, इससे ये तो साफ हो जाता है कि आप अपने जीवन के हर क्षेत्र को सफल बनाने की इच्छा

रखते हैं और पूरा विश्वास है कि ये नियम आपकी जिंदगी को 9 वंडर्स से भर देंगे।

इन तीन महत्वपूर्ण कारणों से इंसान पैसा जोड़ नहीं पाता और अपनी जिंदगी को गरीबी के चंगुल से निकाल नहीं पाता –

1. अपनी स्किल को नहीं बढ़ाना –

परिवर्तन की इस दुनिया में इंसान अपनी सभी चीजों में बदलाव तो चाहता है। लेकिन जब बदलाव अपनी स्किल में लाने को बोला जाये तो इंसान की हालत ऐसी हो जाती है जैसे किसी जहरीले जानवर ने उसे काट लिया हो।

अपनी स्कुली शिक्षा में लगभग 12 से 14 वर्ष लगाने के बाद कॉलेज पूरा होने में 3 वर्ष और मास्टर डिग्री लेने में 3 वर्ष लग जाते हैं। लगभग 20 वर्ष तक पढ़ने के बाद जब उसे सुनने को मिलता है कि आप में किसी स्किल की कमी है, जिस वजह से आपको वह नौकरी नहीं मिल रही है तो वह इंसान टूट जाता है। अब उसे लगता है कि ना पढ़ते तो ही बेहतर था। कई लाखों रूपये खर्च कर दिये अपनी पढ़ाई पर फिर भी काम ना मिलने के कारण हताश होकर वह या तो आत्महत्या कर लेता है या वह गरीबी के दलदल में फँस जाता है।

क्या होता अगर एलन मस्क ने अपनी स्किल की बजाए किसी नौकरी या व्यापार में ही कार्य करते हुए अपनी जिंदगी जीते, क्या होता अगर महाभारत के युद्ध में भीम को गदा की बजाए तीर–धनुष दे दिये होते। तो आज हमारी जुबान पर इन दोनों का नाम कभी नहीं आता और ये भी आम इंसान बनकर रह जाते।

कम्प्युटर के इस युग में अगर आप चाहते हैं कि आपकी नौकरी या व्यापार बचा रहे तो आपको प्रतिवर्ष एक नयी स्किल सीखनी होगी। इस नियम को आप अपने कर्मचारियों एवं स्टाफ पर भी लागु करें। आज सभी सफल इंसानों के पास कई स्किल होती है, वे उन में ज्ञाता होते हैं।

मैं यह नहीं कह रहा हूँ कि जिनमें स्किल नहीं होती, वह कमा नहीं सकता लेकिन स्किल होने के बाद आप जितना कमाते हैं, ये उससे कहीं गुना ज्यादा होता है। हम कितनी तेज गति से आगे बढ़ना चाहते हैं, इसका सिर्फ यही नियम है कि आप अपनी स्किल में बढोतरी करते रहें सफल हो जाने के बाद भी।

अपने मकान बनाने का कार्य उस इंसान को कभी नहीं देते जिसने कभी एक भी मकान नहीं बनाया हो। आप उसे मकान बनाने के लिए कहेंगे जिसने अनेकों और बहुत सुंदर घर बनाये होते हैं।

प्रतिज्ञा – मैं हर दिन अपने कौशल को बढ़ाने पर कार्य करता हूँ, मेरा जीवन पैसों को आकर्शित करता है, मैं शानदार इंसान हूँ।

2. सफल इंसानों से जलन की भावना –

हर सफल इंसान किसी न किसी सफल इंसान से सीखने के बाद ही महान बनते हैं। यह पता करें कि किस इंसान से आप क्या सीख रहे हैं और क्यों? यह दुनिया सीखने के लिए बहुत छोटी है। आप चीजों को अपने पर टेस्ट करके सर्टिफाइड नहीं कर पायेंगे। आपको अपने क्षेत्र के सफल लोगों की मदद लेनी होगी, कामयाबी हासिल करने के लिए।

एक समय वह था जब कोई इंसान सफल हो जाता तो पूरा गॉव/शहर उस पर गर्व करता कि वह मेरे परिवार का है, वह मेरे गॉव का है, वह मेरे साथ पढ़ा, वह मेरा पड़ोसी है, वह मेरा मार्गदर्शक है इत्यादि। हममें उनसे सीखने की लगन रहती कि हम भी उनसे कुछ सीखें क्योंकि हर एक अच्छी आदत एक हजार अच्छे परिणाम देती है।

लेकिन अब हम बदल गये। अब ऐसे इंसान को देखने के बाद जलन की भावना आने लगती है क्योंकि शायद हम वैसे नहीं बन

पाये जैसा वो है। जलन की भावना रखने से आप आगे नहीं बढ़ सकते, किसी का मार्गदर्शन नहीं कर सकते।

आप फिल्मों में भी तो यही देखते हैं कि विलेन का रोल अदा करने वाला इंसान हीरो से हर बार जलन रखता है और अंत क्या होता है, ये आप अच्छी तरह से जानते हैं।

आप इतना समझें कि सफल इंसान से सीखकर कम समय में ज्यादा उन्नति पा सकते हैं। कोशिश करें कि सभी के लिए सम्मान की भावना रखकर उनसे कुछ न कुछ सीखें और सफलता को गले लगायें।

प्रतिज्ञा – सभी सफल इंसान मेरी मदद किया करते हैं, मेरा जीवन पैसों को आकर्शित करता है, मैं शानदार इंसान हूँ।

3. मदद करने की बजाए लेने की मानसिकता –

हम सभी को इस दुनिया में बनाया गया है एक-दूसरे की मदद के लिए। लेकिन हम सिर्फ मदद चाहते हैं। देने की जब बात की जाये तो हम यह कहकर टाल देते हैं कि हमारे पास देने के लिए कुछ नहीं है। आपको यह जानकर हैरानी होगी कि इस दुनिया में जो हम देते हैं, वही पाते हैं –

जब हम खुशियाँ देते हैं, हमें खुशियाँ मिलती है
जब हम सम्मान देते हैं, हमें सम्मान मिलता है
जब हम दुख देते हैं, हमें दुख मिलता है

और पैसों के बारे में भी यही नियम काम करता है। जब हम अच्छे काम में अपने ज्ञान पर, अपने विकास पर या लोगों की मदद करते है तब वह पैसा भी हमें अधिक होकर मिलता है।

लेकिन हमारी मानसिकता और अधिक देने की नहीं, लेने की होती। हम चाहते हैं कि हमें खूब पैसा मिले और वह भी बिना

लोगों के दुख–दर्द को कम किये जो कि केवल 0.0001 प्रतिशत ही संभव होता है।

मार्टिन लत्थर किंग जूनियर ने एक बहुत ही कमाल की बात कही है कि –

हमें कहीं न कहीं यह सीखना चाहिए कि दूसरों के लिए कुछ करने से बड़ा इस दुनिया में कुछ नहीं है।

अपनी मानसिकता को बदलें, दूसरों को सफल बनाने के बारे में सोचें, बात करें और सफल इंसान बनने की राह पर चलें और अपने लक्ष्य बताने की जगह अपने परिणाम दिखाकर चौकाएं।

प्रतिज्ञा – मैं दूसरों की मदद कर आगे बढ़ता हूँ, मेरा जीवन पैसों को आकर्शित करता है, मैं शानदार इंसान हूँ।

इन 9 नियमों की सहायता से आप भी अपने पैसों की समस्या का समाधान पा सकते हैं –

1. पैसों को बचाना, बढ़ाना या बनाये रखना –

डेव रैमसे ने कहा है कि "उन लोगों की आदतों का अध्ययन करें जिन्हें आप पसंद करते हैं और फिर उनका अनुसरण करें। यदि वे सफल हो रहे हैं, तो जरूर कुछ तो सही कर रहे होंगे"।

अक्सर मैंने लोगों से पैसों को बचाने के बारे में सुना है लेकिन जब मैं उनसे पुछता हूँ कि क्या करेंगे इन पैसों को बचाकर तो उनका जवाब कुछ यूँ होता है... मैं इन पैसों से अपने लिए महँगा मोबाईल खरीदूँगा, कोई कहता है मैं इन पैसों से अपने लिए शानदार कार खरीदूँगा, तो किसी ने इतना तक कह दिया मैं अपने लिए ब्रांडेड कपड़े एवं जूते खरीदना चाहूँगा। 90 प्रतिशत तक सभी की सोच में उन बचत किये हुये पैसों को खर्च करना ही था। जैसे अंग्रेजी में GOOD के बाद BETTER और BEST आता है, उसी प्रकार वित्त की भाषा में बचत के बाद बढ़ाना और बनाये

रखना आता है। आप अपनी बचत को ही खर्च कर देंगे तो आप कैसे आगे बढ़ पायेंगे।

अपने पैसों की बचत को पेड़ की जड़ें समझें, उस बचत को बढ़ाना तना और बचत किये पैसों को आगे बढ़ते देखना पेड की टहनियाँ समझें। किसी पेड़ की जड़ो को उखाड़कर आप उसे हरा-भरा कैसे देख सकते हैं। एक आदत जो आप बदल सकते हैं वह कि आप हर महीने अपनी आय का 20 प्रतिशत बचायें और 15 प्रतिशत उसमें से निवेश कर दें। इस क्रम को रूकने ना दें। पैसा और ज्ञान को जब तक आप बढ़ायेंगे नहीं, वे हर बार घटते जाते हैं उनका मूल्य कम हो जाता है।

समस्या यह नहीं है कि हमारे पास पैसों की कमी है, समस्या यह है कि हम जानते नहीं हैं कि पैसों को कैसे बढ़ाया जाये और हम पैसों को नहीं बढा पाने के कारण दायित्व इकट्ठा कर लेते हैं और यह समझ लेते हैं कि हमारे पैसों का हमने सही काम लिया है।

कभी-कभी तो मॉल में लगी छूट को कुदरत का करिश्मा समझ कर अपनी बचत को मॉल पर न्योछावर कर देते हैं और कुछ समय बाद फिर से वही रोना शुरू कर देते हैं हमारे पास धन नहीं है, हमारी आय निश्चित है, हम आगे नहीं बढ रहे, रोहित के पास कल तो हम से भी कम पैसा था और आज हम से कई गुना आगे बढ़ गया जैसे बहाने के अलावा और कोई शब्द नहीं होते।

कल रोने की बजाए आज ही अपने पैसों को काम पर लगायें जिससे कि वह आपके लिए और धन कमाकर लाये और आप तेज गति से वित्तिय स्वतंत्रता को प्राप्त करें।

2. अनावश्यक खर्चों को रोकें –

क्या आपके साथ ऐसा हुआ कि जिस गाड़ी के बारे में आप सोच रहे थे और कुछ ही देर बाद वह गाड़ी आपके आँखों के सामने से गुजर रही होती है। आप जिस इंसान के बारे में सोच रहे थे

उसका कुछ समय में कॉल आ जाता है। मेरे कहने का तात्पर्य यह है कि आप जिस चीज के बारे में सोचते हैं, वह चीज प्रकट होती है। जब आप अपनी आय पर ध्यान केन्द्रित करते तो आय बढ़ जाया करती है। जब आप अच्छे परिवार के बारे में सोचते हैं तो आपको अच्छा परिवार प्राप्त हुआ करता है और जब खर्चों के बारे में सोचेंगे तो आपके खर्च बढ़ जाया करते हैं।

अपने खर्चों को रोकने का साधारण सा नियम पहले लिखना और सात दिन बाद खर्च करना। अगर सात दिन उस चीज के बिना चल सकते हैं तो खर्च करना जरूरी नहीं है। सात दिन बाद भी वह चीज जरूरी है तो ही उस पर खर्च करें।

आज अगर आप अमीर नहीं हैं तो कहीं ना कहीं इस गलत खर्च करने की आदत ही आपको निरंतर गरीब बना रही है क्योंकि आपका हर एक पैसा आपके लिए बेशकीमती है, इसे सोच-समझकर खर्च करें।

जिस तरह ICU में जाने के बाद जिंदगी की कीमत का पता चलता है, उसी तरह अपने खर्चों को नहीं रोकने पर हमें गरीबी का सामना करना पड़ता है। अगर आप चाहते हैं कि आपको कभी गरीबी की मार ना झेलनी पड़े, कभी पैसों के लिए मोहताज ना होना पड़े या कभी किसी जरूरत की वस्तु को इसलिए ना खरीद पायें कि आपके पास पैसा नहीं था तो अपने बजट को बनाकर खर्च करें।

3. अतिरिक्त आय का पड़ाव पूरा करें –

जब सब्जी लेने मार्केट जाते हैं तब आप उस सब्जी वाले से सब्जी खरीदने के बाद भी थोड़ी और सब्जी माँगते हैं, जब आप दैनिक उपयोग की वस्तु मार्केट से खरीदने जाते हैं, वहा भी फ्री की उम्मीद लगाते हैं। मेरे कहने का तात्पर्य बस इतना सा है जब हमें अपने कार्यों में फ्री की उम्मीद रहती है या ज्यादा की इच्छा रहती है तो अपने नौकरी/व्यापार में हम अतिरिक्तता के बारे में

क्यों नहीं सोचते, क्योंहमें जो मिला है, उसी में ही अपनी जिंदगी को गुजार देते हैं।

''जो व्यक्ति यह नहीं जानता कि उसका अगला पैसा कहाँ से आने वाला है, दरअसल उसे यह भी नहीं पता होता है कि इससे पहले उसका पैसा कहाँ पर खर्च हुआ था''।

समस्या यह नहीं है कि आपके पास अतिरिक्त आय के स्त्रोत नहीं हैं बल्कि समस्या यह है कि आपके आपके पास अतिरिक्त आय की सोच नहीं है। आप इस बारे मे सोचते नहीं हैं जिस वजह से आप कार्य भी नहीं कर पाते एवं अपनी जिंदगी को मजबूरन बद्तर हालातों में यापन करना पड़ता है।

अतिरिक्त आय वह होती है जहाँ कम समय में, धन से, मेहनत से या अपनी सोच के द्वारा आय का नया स्त्रोत बना सकते हैं। मैं अक्सर लोगों से पूछता हूँ कि आप क्या करते हैं तो उनमें से ज्यादातर के पास सिर्फ बोलने के लिए एक लाईन होती है, मैं .... यह कर रहा/रही हूँ।

कुछ लोग ही अपने बारे में ज्यादा बता पाते हैं। उनके पास अनेक प्रकार की आय के स्त्रोत होते हैं और वे दुनिया के कामयाब 5 प्रतिशत लोगों में आते हैं।

क्या आप अपनी आय को बढ़ाना चाहते हैं?

क्या आप जल्द वित्तीय स्वतंत्रता प्राप्त करना चाहते हैं?

क्या आप अपने जीवन स्तर को ऊँचा उठाना चाहते हैं?

तो पेसिव इनकम की पाँच जगहों से आप जीवन भर पैसा बना सकते हैं जरूरत है तो सिर्फ सही सोच, सही ज्ञान एवं सही मार्गदर्शक की।

- निवेश
- एफिलिएट मार्केटिग

- ऑनलाइन बिजनेस
- रायल्टी इनकम
- रेंटल प्रापर्टीज

आपका लक्ष्य क्या है, इस वित्तीय वर्ष में कितने पैसे कमाने की चाहत है, इसे लिखें, अब इसके 1/10 भाग को एक महीने में प्राप्त करने के बारे मे सोचें, आप कर सकते हैं, इस बारे से सोचे कि मैं इसे कैसे प्राप्त कर सकता हूँ।

आपने लक्ष्य बनाया कि आपको एक वर्ष में 10 लाख रूपये चाहिए तो उसके 1/10 भाग यानि 1 लाख प्रतिमाह कैसे कमायेंगे, पर कार्य करना है।

जब आप समस्या के बारे में सोचते हैं तो आपको और समस्याएं मिलती हैं लेकिन जब आप समाधान के बारे में सोचते हैं, आपको खूब सारे समाधान मिलने लगते हैं।

कभी मैंने भी गोल बनाया था... मुझे प्रतिवर्ष इन पेसिव इनकम को बनाना है, एक वर्ष और एक नयी आय, यह फार्मूला मैं हर बार अपनाता हूँ। आज ही अपनी योजना बनायें कि इस वर्ष कौन सी पेसिव इनकम आप चाहेंगे, उस पर कार्य करना शुरू कर दें।

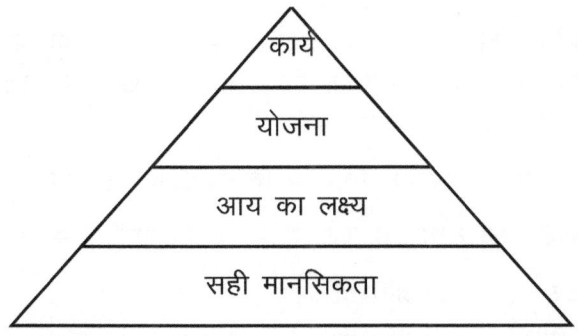

अक्सर हम ये सोचते रहते हैं कि क्या–क्या नहीं कर सकते, बजाए यह सोचने के कि हम क्या–क्या कर सकते हैं।

क्या आप चाहते हैं अपने बेस्ट वर्जन को बनाये रखना तो आपको इस फार्मूला को हर वर्ष अपनाना होगा। नियम सिर्फ वही होगा "एक वर्ष और एक नयी आय"।

रिच डैड पुअर डैड के लेखक राबर्ट कियोसाकी ने कहा है कि "जीवन में अपनी वर्तमान स्थिति के बारे में शिकायत करना बेकार है। इसके बजाय इससे ऊपर उठने के लिए कुछ करें"।

हर दिन कम से कम 20 मिनट का समय निकालें और सोचें कि आप और क्या कर सकते हैं जिससे आपको पैसा मिले और लोगों की समस्या हल हो जाये।

इस काम को पूर्णतया सफल बनाने के लिए किसी सफल इंसान की मदद भी ले सकते हैं। यह जरूरी नहीं कि आपको एक दिन में बहुत कुछ मिले लेकिन यह विश्वास जरूर रखना कि एक दिन जरूर बहुत कुछ मिलेगा।

4. दुनिया का आठवां अजूबा –

इस दुनिया में सात अजूबे हैं लेकिन वे आपकी पैसा बनाने मे उतनी मदद नहीं करते जितने कि आठवां अजूबा करता है जिसे हम कम्पाऊडिंग के नाम से जानते हैं।

कम्पाऊडिंग को सबसे ज्यादा इनवेस्टमेट में काम लिया जाता है। आप जितने ज्यादा समय के लिए निवेशित रहते हैं, उतना ही ज्यादा रिटर्न आपको मिलता है।

निवेशित राशि + अधिक समय + रिटर्न = कम्पाऊडिंग

कम्पाऊडिंग का लाभ यह केटेगरी अधिक ले पाती है –

इनवेस्टर	80 प्रतिशत
व्यवयासी	13 प्रतिशत
सेल्फ एम्पलॉइड	5 प्रतिशत
एम्पलॉयी	2 प्रतिशत

एक उदाहरण से आप कम्पाऊडिंग को अच्छी तरह समझ पायेंगे। मैंने जब तक पुस्तक लिखने के बारे मे नहीं सोचा मुझे एक भी विचार काम का नहीं लगा जिससे कि किसी इंसान की जिंदगी में खुशियाँ लायेंगी लेकिन जब मैंने किताब लिखना शुरू किया मेरे विचारों से कहीं न कहीं लोगों की खुशियाँ लौटने लगी और उनका जीवन स्तर भी सुधरने लगा। जब तक आप कम्पाऊडिंग के बारे में कार्य नहीं करेंगे यह आपको लाभ नहीं पहुँचा पायेगी क्योंकि सभी सफल इंसान कम्पाऊडिंग से महान बने हैं, वे जानते हैं इसकी शक्ति के बारे में।

कम्पाऊडिंग का सीधा अर्थ समय के साथ ब्याज पर ब्याज कमाने का एक तरीका है। सबसे पहले इनवेस्ट करें। जो रिटर्न आपको प्राप्त होता है, उसे भी इनवेस्ट कर दें और इस क्रम को चलने दें।

आपको धैर्य रखना होता है निवेश के साथ–साथ और आप एक दिन अमीर एवं सफल इंसान बन जाते हैं। धैर्य का आदर्श उदाहरण चाईनीज बैम्बू का वृक्ष है। यह पेड़ लगाने के 4 वर्ष तक जमीन के बाहर नहीं आता किन्तु पांचवें वर्ष में कुछ अजीब सा होना शुरू होता है। वह कुछ ही सप्ताह में तेजी से बढ़कर लगभग 90 से 110 फीट की ऊँचाई को प्राप्त करता है। पेड़ लगाने वाले को यह विश्वास होता है कि पानी और खाद देते रहेंगे तो एक दिन यह विशाल वृक्ष के रूप में बदलेगा।

कम्पाऊडिंग ज्यादा निवेश, ज्यादा समय, और ज्यादा रिटर्न की प्रक्रिया से अमीर बनाता है। एक किताब जो इसकें बारे मे भली–भांति तरीके से आपको समझायेगी वह है THE COMPOUND EFFECT. यह बुक निवेश को बढ़ाने के बारे में बताती है।

5. रूल ऑफ 72 –

क्या आपने कभी साँप–सीढ़ी के गेम को खेला है या कभी देखा है। आप पायेंगे कि उसमें 1 से 100 तक जाने के लिए कभी कोई

सीधी सीढ़ी नहीं होती, कुछ चलना होता है तब सीढ़ी मिलती है। उसी तरह अमीर बनने की भी सीढ़ी नहीं होती बल्कि अमीर बनने के रास्ते में चलने पर सीढ़ी प्राप्त होती है और वह है रूल ऑफ 72।

रूल ऑफ 72 का मतलब होता है आप अपने पैसों को कितने समय में दुगुना करते हैं और कामयाबी हासिल करते हैं।

आइये इस उदाहरण से समझते हैं। आपने अपने पैसों को कहीं निवेश किया जहाँ से आपको सालाना 12 प्रतिशत की दर से रिटर्न मिलता है तो आपका पैसा 72/12 = 6 वर्श में दुगुना होगा। एक उदाहरण से आप समझ पायेंगे इस नियम को –

एलन मस्क ने इसको बहुत कम उम्र में समझ लिया था। लगभग 14 वर्ष की उम्र में उनके पास 80,000 रूपये थे (भारतीय मुद्रा में) जिसको 15 वर्ष की उम्र में 1,60,000 रूपये में बदल दिया और 19 वर्ष की उम्र में उन रूपयों को 5,20,000 में परिवर्तित किया। अब जब उनकी उम्र 51 वर्ष की हो गई तो अपने पैसों को 184 बिलियन अमेरिकी डॉलर तक बना लिया है।

मेरे कहने का तात्पर्य यह है कि आप कितने समय में अपने पैसों को दुगुना कर रहे हैं बिना मूलधन को गवाएँ। इस पर ध्यान दें कि इसमें सबसे महत्वपूर्ण आपको मिलने वाला रेट आफ रिटर्न होता है।

अब आपका महत्वपूर्ण कार्य यह पता लगाना है कि आपको अपने निवेश से कितना प्रतिशत रिटर्न मिलता है और किस कार्य को करने से वह बढ़ सकता है। तो बस इतना सा है कि अपने काम पर अडिग रहकर उसे सफल बनाने की कोशिश करते रहना।

6. अपने सोचने के पैटर्न को बदलना –

क्या आप मर्सिडिज कार चाहते हैं, क्या आप सभी सुविधाओं से परिपूर्ण घर चाहते हैं, क्या आप अपना फार्म हाऊस चाहते हैं, क्या

आप बेशुमार धन–दौलत चाहते हैं। अगर हाँ तो ये आपको मिल सकती है लेकिन एक बात मुझे बताएं क्या इन सभी के बारे में बुरा सोच कर, बुरा बोलकर या बुरा करके आप इन को पा सकते हैं। जवाब है कभी नहीं, कभी भी नहीं। अगर मिल भी जाये तो वह ज्यादा समय तक आपके पास नहीं रहेगी।

मैं बात कर रहा हूँ पैसों के प्रति आपकी मानसिकता के बारे में। आप पैसों के बारे में जैसा सोचते हैं उतना ही पैसा आप प्राप्त करते हैं। आप पैसे की बुरी धारणा से पैसा नहीं बना सकेंगे। जिस चीज को आप प्यार करते हैं, जिस चीज को आप चाहते हैं, वही चीज आपके पास अंत तक रूकती है।

मैं लोगों से अक्सर पूछता हूँ क्यों आपके पास ट्रक नहीं है तो उनका जवाब भी वही होता है जो मैं उनके मुँह से सुनना चाहता हूँ कि मुझे ट्रक की जरूरत नहीं है लेकिन क्या आप जानते हैं आपने इससे पहले ट्रक लाने के बारे में सोचा ही नहीं, इस वजह से वह आपके पास कभी आया नहीं। पैसों के मामले में भी कुछ ऐसा ही होता है। जब भी आप पैसों के बारे में सोचेंगे नहीं, पेसा कभी आपके पास रूकेगा नहीं।

पैसों की मानसिकता उतनी ही जरूरी है जितना कार में पेट्रोल... न कम न ज्यादा। पैसों के प्रति जितनी गलत बातें आपने सुनी है या आप बोलते हैं उसे बंद करें। किसी को आकर्षित करने के लिए उसमें अच्छाईयों को देखना होता है तभी वह आपके पास आता है। हमारे सभी प्रश्नों का जवाब भी हमारे पास ही होता है बस हम अपना ध्यान प्रश्नों पर ही लगाये रहते हैं... ये क्यों आया, ये तो गलत है, इसको कैसे सही कहा जा सकता है। अगर हम इन सभी के बारे में सोचने की बजाय कुछ समय ही अपने जवाब के बारे में अच्छी तरह से सोचें तो शायद हमें हमारा जवाब मिल जाता है।

ये तीन बातें आपकी जिंदगी बदल सकती हैं। अपने आप पर विश्वास रखें और कार्य करें। ये इतने साधारण हैं कि इन्हें सात साल के बच्चे को भी सिखाया जाये तो उसका जीवन बदल सकता है।

- पैसों के लिए अच्छा सोचें
- पैसों के लिए अच्छा बोलें
- पैसों के लिए अच्छा कार्य करें

एक चित्र एक हजार शब्दों के बारे में बताता है। मैं आपको और आसान भाषा में समझाना चाहता हूँ जिससे कि आपका जीवन सरल हो जाये और खुशियाँ आपके कदम चुमे।

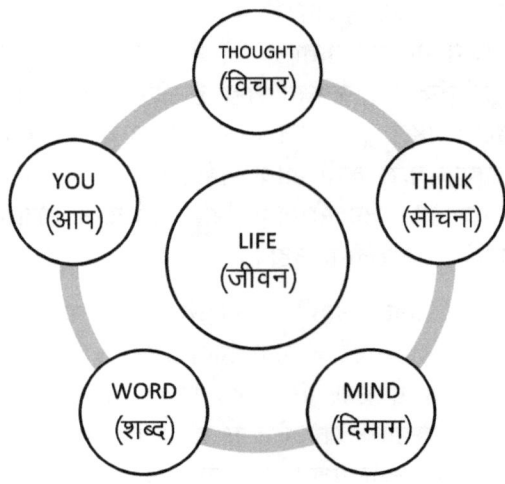

आप जैसा सोचते हैं वैसे विचार बनते हैं और वे विचार दिमाग में जाकर आपके शब्दों में बदलते हैं और वही शब्द आपकी पहचान बनाते हैं और आपकी पहचान आपका जीवन बनाती है। अब आप पर निर्भर है कि आप किस चीज को आकर्षित करते हैं अमीरी या गरीबी, सम्पन्ता या निर्धनता, और सफलता या विफलता।

यह चक्र जीवन में हर चीज के बारे में चलता है जिसके बारे में आप सोचते हैं।

7. सफलता = सफल इंसान का साथ –

क्या आप जानते हैं क्यो हमें सभी से यह सुनने को मिलता है कि महान इंसानों के साथ रहो या सफल इंसानों को अपना दोस्त बनाओ। इसके पीछे केवल एक ही धारणा है कि आप कम समय में ज्यादा प्राप्त कर सकते हैं सफल इंसान के साथ रहने पर। क्योंकि आप गलतियाँ करके सफलता प्राप्त करेंगे तो हो सकता है सफल होने में काफी वक्त लग जाये किन्तु सफल इंसान आपके साथ है तो वह आपको उन सभी गलतियो को करने से रोकेगा जिन गलतियो को कभी उन्होंने की थी।

सफलता अनुभव से आती है और अनुभव हमेशा बुरे अनुभव से आता है।

– संदीप माहेश्वरी

जिन लोगों के साथ आप रहते हैं आपकी सोच, आपके शब्द भी वैसे ही बन जाते हैं। क्या होगा अगर आपका कोई दोस्त वारेन बफे, रतन टाटा या कोई सफलतम इंसान हो। आपके गुण बदल जायेंगे, आपका व्यवहार बदल जायेगा, आपकी आदतें बदल जायेंगी और सबसे बड़ा आपका परिणाम बदल जायेगा। जो आप को मिलता था उससे कई गुना ज्यादा अब आपको मिलने लगेगा।

अपने आप से पूछें कि आप किन पाँच लोगों के साथ अपने पूरे दिन को खर्च करते हैं। उन पाँचों में इन तीन में से कम से कम एक विशेषता होनी चाहिए... पहला उसका व्यवहार आपसे ज्यादा अच्छा हो, दूसरा वह आपसे ज्यादा धनवान हो और तीसरा उसके पास आप से ज्यादा ज्ञान हो।

अगर इन तीनों में से एक भी खूबी नहीं है, उसे अपना दोस्त ना बनायें।

डायमण्ड के साथ कुछ स्टोन के टुकड़े रख दिये जायें तो वे डायमण्ड तो नहीं बन जाते किन्तु डायमण्ड के साथ रहने से उन स्टोन का मूल्य जरूर बढ़ जाता है। उसी तरह आप चाहते हैं कामयाब इंसान बनना तो कामयाबी प्राप्त कर चुके इंसानों के साथ रहना शुरू करें।

राजा कर्ण, जिसे दानवीर कर्ण के नाम से भी जाना जाता है, एक महान योद्धा था जो अपने सिद्धान्तों पर अडिग रहने वाला इंसान था लेकिन संग गलत होना उनकी सभी अच्छाईयों पर परदे का कार्य कर गया। कर्ण अगर पांडवों का साथ देते तो अर्जुन से भी ज्यादा मान्यता कर्ण को दी गई होती।

कुछ फर्क पड़ता है कि आप किसके साथ हैं लेकिन बहुत फर्क पडता है कि कौन आपके साथ है। आप स्टॉक मार्केट में महान बनना चाहते हैं तो आपको अपने दोस्त जो स्टॉक मार्केट में विशेशज्ञ हों, उन्हे बनाना चाहिए। अगर आप व्यवसाय में महारत हासिल करना चाहते हैं तो आपको अपने दोस्त व्ययसायी को बनाना चाहिए जिससे कि आप को कम समय में ज्यादा ज्ञान प्राप्त हो उस क्षेत्र का और जल्द उन कार्यों में सफलता प्राप्त कर आगे बढ़ सकें और अपने जीवन को 9 वंडर्स से भर सकें।

जहाँ भी जायें एक दोस्त बनायें जो आपको आपके क्षेत्र में आगे बढ़ने के लिए मदद करें। कोशिश करते रहें इसे अपनी आदत बनायें। एक दिन आयेगा जब आप उन सभी लोगों से काफी आगे होंगे जिन्होंने इस नियम को नहीं अपनाया होगा।

8. एक साल और एक स्किल का नियम –

सभी सफल इंसान में एक से ज्यादा स्किल होती है फिर चाहे वे स्वामी विवेकानंद हो या डॉ ए पी जे अब्दुल कलाम। एक स्किल होने पर आप कार्य तो कर सकते हैं लेकिन जब बात आगे बढ़ने की आती है, अभी जहाँ हैं, वहाँ से ऊपर उठने की आती है तब आपको अपनी स्किल को और बढ़ाना होता है।

हम किसी बारे में सही सोच रखकर ही उस चीज को आकर्षित कर सकते हैं। जिस चीज के बारे में आप ज्यादा सोचेंगे उसे आप प्राप्त कर लेंगे लेकिन हम अक्सर यही सोचते हैं कि हम नहीं कर सकते, हम नहीं कर पायेंगे और यही सोच आपको आगे बढ़ाने से रोकती है।

क्या आप अपने नौकरी या व्यवसाय में बोरियत महसूस कर रहे हैं? क्या आप तेज गति से आगे नहीं बढ़ पा रहे हैं? क्या आप पैसों की चिंता में ग्रस्त हैं? तो आपको इस नियम का सहारा लेना होगा। आपको हर साल एक नई स्किल को अपनाना होगा। अगर नियम को आप तीन साल भी अपनाते हैं तो आपके पास तीन नई स्किल होगी और दस साल तक अपनाने पर दस स्किल होगी और सबसे बड़ी बात यह है कि जब यह स्किल आपके पास होगी आपके क्षेत्र के शिखर के लोगों में आपका नाम लिया जाने लगेगा।

इन पन्द्रह स्किल को आप अपनायें और कामयाबी का परचम लहरायें –

- Public Speaking
- Personality Development
- Stock Market
- Creativity
- Leadership Skill
- Money Managenent
- Wealth Management
- Learning
- Negotiation
- Happiness Mastery
- Skill Development
- Problem Solving
- Technology
- Innovation
- Real Estate

आप कितना समय लेते हैं किसी स्किल को सीखकर अप्लाई करने में वह सबसे महत्वपूर्ण होता है। हर दिन कम से कम 1 से 2 घंटे किसी एक स्किल पर कार्य करें और जब वह आपको आय प्रदान करने लगे तो दूसरी स्किल पर कार्य करना शुरू कर दें।

अपने दिमाग को स्किल रहित नहीं स्किल सहित वाली सोच का बनायें क्योंकि सफलता का आज तक कोई शार्टकर्ट रास्ता नहीं बना... वो सिर्फ आपके मेहनत के बलबुते पर ही मिलती है।

9. कैसे पैसे बढायें –

क्या आपने कभी यह सोचा है कि सफल लोग अपने पैसों को कैसे दुगुना करते हैं, कैसे वह हर दिन और अमीर बनते जाते हैं। आइए जानते हैं कैसे आप अपने पैसों को दुगुना करेंगे।

एक बार की बात है। एक राज्य में राजा काफी चितिंत रहता था। खुशहाल राज्य था, चारों ओर शांति थी और सभी सुख–सुविधाओं से भरा हुआ था। एक दिन एक ज्ञानी संत का उस राज्य में प्रवेश हुआ। राजा को बुलाया गया और राजा ने प्रणाम कर उनसे आशीर्वाद लिया। संत जाने माने थे और तेजस्वी भी थे। उन्होंने राजा से पूछा कि आप इतने चिंतित क्यों हैं? राजा ने कहा– महात्मन् मेरा राज्य नहीं बढ़ रहा। संत ने पूछा– और कुछ? राजा ने मना कर दिया। तब संत ने पूछा– आपके पास कितने सैनिक हैं। राजा ने उत्तर दिया– लगभग 10,000। संत ने कहा– 5,000 सैनिकों को आप अपनी एवं किले की सुरक्षा पर काम में लें। 2500 सैनिकों को दूसरे राज्य को जीतने के लिए भेजें एवं 2500 सैनिकों को आप युद्ध के लिये तैयार करें। इस प्रक्रिया से आपका राज्य भी बढ़ेगा और आप भी सुरक्षित रहेंगे।

ये तो था उस राजा की समस्या का हल किन्तु आपकी समस्या का हल कुछ ऐसा ही है।

जैसे कि आप 30,000 कमाते हैं 15,000 रूपये को अपने एवं अपने परिवार के लिए रखें, सभी खर्चे इससे पूरा करें। 7,500 को इनवेस्ट कर दें और बचे 7,500 को अपने कर्ज खाते चुका दें।

इस प्रक्रिया को हर महीने लागू करें और निरंतरता के साथ रखें। एक वर्ष बाद फिर 10 प्रतिशत और बढा दें निवेशित रकम को। और इस क्रम को चलते रहने दें।

समुद्र कभी एक नदी से नहीं भरता। उसमें कई नदियों का पानी जाने पर भरता है। उसी तरह आपका पैसा एक दिन में दुगुना नहीं हो सकता लेकिन हर दिन आप इस नियम को अपनाते हैं तो आपका धन भी दुगुना होने लगता है।

हमने क्या सीखा –

किसी इंसान के पास आज अगर सब कुछ है जो उसकी जरूरत में है तो इसकी सिर्फ एक ही वजह है उसने अपने बीते समय में काफी मुश्किलों के साथ उन नियमों को अपनाया है जिन पर सफल लोग कभी चले थे। यह जिंदगी खुद गलती करके महान बनने से ज्यादा दूसरों की गलतियों से सीख लेकर आगे बढने के लिए है। अपने धन की रक्षा करें, इसे व्यर्थ ना गवाएँ। इसका कुछ भाग स्वयं को आगे बढ़ाने पर खर्च करें। सम्पति और दायित्व का फर्क जाने और कैश फ्लो को सही रखें। इन सभी नियमों को अपने जीवन में आदत बना लें और पैसों को सही मैनेज कर धनवान इंसान बन जायें।

- पैसों को बचाना, बढ़ाना और बनाये रखना
- अनावश्यक खर्चों से बचना
- अतिरिक्त आय का पड़ाव पूरा करें
- दुनिया का आठवां अजूबा
- रूल ऑफ 72
- अपने सोचने के स्वरूप को बदलें
- सफलता का अभिप्राय सफल इंसानों का साथ
- एक वर्श एक स्किल का नियम अपनायें
- पैसे को बढ़ाने पर ध्यान लगायें

अध्याय ४
हाऊ टू मैनेज टाईम

मैं सोचता हूँ कि अपने जीवन में कुछ शांत समय ढूँढना बेहद महत्वपूर्ण है
– अखिलेश सोमानी

क्या आप जानते हैं कि आप कितने वर्ष के लिए इस दुनिया में आये हैं? आपको नहीं पता है। क्या आप जानते हैं आप अभी किस तरह का जीवन यापन कर रहे हैं? आपको नहीं पता है। यह जीवन हमें कुछ समय के लिए मिला है किन्तु हमें भ्रान्ति हो गई है और हम समझ बैठे हैं कि हमें कुछ 200-300 सालों तक यहीं जमे रहना है। आपके जीवन की समय-सीमा कोई नहीं बता सकता, यह अनिश्चितता से भरा है।

एक रिपोर्ट के अनुसार 24 घंटे के समय में लगभग 1,72,800 लोगों की मृत्यु होती है। सभी को पता है वे कुछ समय के लिए ही इस दुनिया में आये हैं किन्तु वे भूल जाते हैं इस बात को और ऐसे अभिनय करते हैं जैसे वे इस दुनिया के खत्म होने तक जीवित रहेंगे। मेरे कहने का तात्पर्य सिर्फ इतना सा है कि जब हमें पता नहीं हम कितने समय के लिए हैं तो क्यों हम अपने समय को व्यर्थ जाने देते हैं क्यों हम अपने कार्यों को कल पर डाल देते हैं, क्यों हम आलसी बन जाते हैं।

महाभारत के युद्ध के बाद राजा युधिष्ठिर दानी राजा के नाम से जाने जाने लगे। एक रात को एक भिखारी भीख लेने आया लेकिन रात होने की वजह से युधिष्ठिर सो गये थे। द्रौपदी के खूब उठाने पर भी नहीं उठे तो उन्होंने कह दिया कि भिखारी से कह दें वह कल सुबह आकर अपने वजन जितना सोने की मोहरें

ले जायें। यह सब बात जब भीम को पता चली तो, उस किले में एक घंटा हुआ करता था जो युधिष्ठिर के कहीं से जीत कर आने पर बजाया जाता था, भीम ने उसे बजाना शुरू कर दिया। युधिष्ठिर दौड़कर आये कि मैंने क्या जीत लिया। युधिष्ठिर ने भीम से पुछा कि मैंने क्या जीत लिया जो तुमने इस घंटे को बजाया। भीम ने कहा महाराज आपने समय को जीत लिया, आपने उस भिखारी को कल सुबह भीख देने का वादा किया जबकि यह भी नहीं पता कि कल तक वो रहेगा या नहीं, आप रहेंगे या नहीं। उन्हें अपने आलस पर बेहद दुख हुआ।

बात सिर्फ यह कि आपका बीतने वाला हर पल अच्छे कार्यों पर लगे जिससे आपको अच्छा परिणाम मिले।

अच्छी सोच, अच्छा कार्य, अच्छा परिणाम = अच्छा समय

क्योंकि उत्तम समय कभी नहीं आता, समय को उत्तम बनाना पड़ता है।

तीन कारण, जिनके वजह से हम अपना समय नहीं बचा पाते हैं –

1. सोशियल मीडिया – एक भंयकर बिमारी –

ऐसा किसी युग में इतना नहीं हुआ था कि किसी एक चीज के आने से आपके जीवन की बाकी सभी की कीमत घट जाये। सोशियल मीडिया के कारण इंसानों ने इंसानों की कीमत करना कम कर दिया, अपना समय कम लगने लगा और जीवन में छोटी–छोटी खुशियों का अब महत्व नहीं रहा। 10 में से 7 लोग आपको मोबाईल में व्यस्त मिलेंगे, उन्हें फर्क नहीं पडता कि सामने कौन बैठे हैं... बस वे अपने मोबाईल की दुनिया में ही गुम हैं। मैं मोबाईल या सोशियल मीडिया के अवगुणों का बखान नहीं कर रहा, मैं तो बस समझाने की कोशिश कर रहा हूँ कि इसके बाहर भी एक जीवंत दुनिया है जहाँ आपको हर वह चीज खुशियाँ देती है जो आपको चाहिए। औसत इंसान एक दिन में लगभग 7 घंटे का समय इन पर बिताता है। हर दिन किसी कार्य को करते रहने से वह आपकी आदत बन जाती है। वैसे ही मुझे भी कब

सोशियल मीडिया पर रील देखने की आदत लग गई, मुझे पता ही नहीं चला। जब भी फ्री समय होता रील देखना आदत सी बनने लगी। एक दिन जब अलर्ट का मैसेज आया कि आपने आज 3 घंटे का समय सोशियल मीडिया का उपयोग किया। तब पता चला कि मेरे कीमती समय का उपयोग कहाँ हो रहा है। मैंने तुरन्त उस ऍप का हटा दिया। कुछ दिन तक मुझे गलत लगा लेकिन मेरी यह आदत भी छुट गई।

हम अपनी किस्मत के निर्माता खुद होते हैं, आज जो हमें मिला है, वह हमारे बीते हुये कल का परिणाम होता है। पता करें कि आप हर दिन कितने घंटे सोशियल मीडिया पर बीता रहे हैं और कोशिश करें कि कुछ समय बचा कर आप अपना कीमती समय किसी इंसान की खुशियाँ को बाँटने में लगायें।

सप्ताह में एक दिन सोशियल मीडिया का उपयोग ना करने की आदत डालें क्योंकि जब आप इस दुनिया में नहीं होंगे फिर भी यह दुनिया चलती रहेगी... आपके होने या ना होने से इस दुनिया को उतना फर्क नहीं पड़ता किन्तु आपके परिवार को बहुत फर्क पड़ता है। अपने समय को परिवार मे बाँटे। आपके दिन के जो सक्रिय समय हैं, उसका लगभग 1/3 भाग यह सोशियल मीडिया खत्म कर देती है। अब यह आपके हाथ में है कि आप इस समय के उपयोग लेकर क्या–क्या कर सकते हैं?

प्रतिज्ञा – मैं अपने समय की कद्र करता हूँ, मैं अपने समय को अच्छे कार्यों में लगाता हूँ, मैं शानदार इंसान हूँ।

2. आलसी बन जीवन काटना –

क्या होता अगर भगत सिंह सिर्फ 23 वर्ष की आयु में बलिदान ना हुये होते, क्या होता अगर स्वामी विवेकानंद 39 वर्ष की अल्प आयु में अपने प्राणों को त्यागा ना होता।

फर्क नहीं पड़ता कि आप कितने वर्ष तक जीवित रहते हैं, फर्क इस बात से पड़ता है कि जब आप जीवित रहते हैं तो कितने

कार्य करते हैं बिना आलसी बने। भगत सिंह सिर्फ इतना बोल देते कि मैं भी छोटा हूँ, मैं क्यों ऐसे कार्य करूँ, अभी तो मेरे मौज–मस्ती के दिन हैं तो आपके मुँह पर कभी भगत सिंह का नाम ना होता। आज जो आपकी आँखों मे आँसू आ जाते हैं भगत सिंह जैसे महान पुरुशों का नाम लेते ही, यह सब मुमकिन हुआ है अपने ऊपर आलस की चद्दर ना ओढ़ पाने से।

मैं मानता हूँ कि हम मनुष्य हैं, जो फिलिंग, इमोशन, विचारों और आदतों से भरे हैं, हममें आलस आ जाना लाज़िमी है किन्तु कार्य करते वक्त आलस आना, बहुत ही हानिकारक है।

व्यायाम करते वक्त, पढ़ते समय, दूसरों की मदद में, अपने आपको आगे बढ़ाने में ऐसे समय कभी आलस को आने ना दें और अपने जीवन को भी महान पुरुशों जैसा खूबसूरत बनायें जिससे कि आपको इस दुनिया में ना होने पर भी याद किया जाये, यही जीवन है।

दुनिया में कई तरह के जीव रहते हैं पर उनमें से याद कुछ ही को रखा जाता है और बाकी सभी को भुला दिया जाता है। अपने जीवन से आलस के पर्दे को हटा दें और फूलों के जैसे महक उठें।

क्योंकि आलस हमारा समय भी खत्म कर देता है और हमें पता भी नहीं चलने देता।

प्रतिज्ञा – मैं अपनी उपलब्धियों से सभी को प्रेरित करता हूँ, मैं अपने समय को अच्छे कार्य में लगाता हूँ, मैं शानदार इंसान हूँ।

3. बुरी सोच और बुरी संगत –

मैं मध्यम वर्गीय परिवार से ताल्लुक रखता हूँ, बस मैंने एक चीज, जिसे सबसे ऊपर रखा, वह था मेरी संगत। मैंने सिर्फ इन चीजों को अपने साथ रखा बल्कि इन लोगों से सीखता भी रहता हूँ।

- मेरे से ज्यादा व्यवहार वाला इंसान

- मेरे से ज्यादा ज्ञान वाला इंसान
- मेरे से ज्यादा धन वाला इंसान
- मेरे से ज्यादा सम्मान वाला इंसान

अगर किसी इंसान में इन चार में से एक गुण भी हैं, मैं उसे अपने लायक समझता हूँ।

जीवन यापन के लिए ये चारों गुण होना अत्यावश्यक है, फिर भी अगर आप किसी एक गुण में मास्टर बन जाते हैं, बाकी के तीनों गुण आपको फॉलो करते हैं।

मैंने अक्सर देखा है इंसान पीछे रहता है अपनी गलत संगत के कारण। मेरा मानना है कि इंसान कभी गलत नहीं होता, उसका समय सही या गलत होता है और समय सही या गलत उसके कार्य के आधार पर मिलता है और कार्य निर्भर करते हैं उसके साथ रहने वाले इंसान के ऊपर। मैंने आज तक कभी नहीं सुना कि किसी भेड़ ने जंगल के राजा शेर को नुकसान पहुँचाया है, क्योंकि भेड़ के स्वभाव में नहीं है किसी को बाधा पहुँचाना जबकि शेर का स्वभाव आप अच्छी तरह जानते हैं।

देखें आप किन लोगों के साथ रहते हैं, क्या वे आपका समय जाया करते हैं, क्या उनके होने से आपको समय की कमी सी लगती है, ऐसे लोगों का साथ छोड़ें।

संगत ऐसी बनायें जिससे कि आपके जीवन स्तर में सुधार हो, लोगों में आपके प्रति सम्मान बढ़े। आप अच्छी तरह से जानते हैं कि कौन अच्छा है कौन बुरा है, कौन आपको सम्मान दिलाता है और कौन आपसे छीनता है... तो अपनी संगत को अच्छी बनायें और अपने समय को यादगार बनायें। जंगल में दोनों ही रहते हैं हिरण और शेर लेकिन हमारा नजरिया दोनों के प्रति अलग-अलग होता है। एक के पास हम जाना पसंद करते हैं और दूसरे से दूर रहना पसंद करते हैं। क्या आप चाहते हैं कि लोग आपको पसंद करें तो अपनी संगत को लोगों के अनुकुल वाली बनायें।

प्रतिज्ञा – मैं जीवन को सकारात्मक नजरिये से देखता हूँ, मैं अपने समय को अच्छे कार्य में लगाता हूँ, मैं शानदार इंसान हूँ।

इन 9 नियमों की मदद से आप अपना कीमती समय बचा सकते हैं और अपने जीवन को बढ़ा सकते हैं।

1. सफर का महत्वपूर्ण समय –

जिंदगी और कुछ नहीं, बस सफर का दूसरा नाम है जहाँ रूकना कुछ क्षण और चलते रहने मे जिंदगी व्यतीत होती है। आप सोचें आप एक दिन में कितने घंटे सफर में बिताते हैं। उससे फर्क नहीं पड़ता कि आपका सफर का समय 5 मिनिट है या 5 घंटे लेकिन क्या उसे भी काम में लिया जा सकता है? तो जवाब है हाँ। अपने सफर के समय में किसी एक अजनबी से बात करें, उसको सुनें।

याद करें कि आपने अपने रिश्तेदार से कब अंतिम बार बात की थी, वो भी बिना काम के। जब आप अपने कार्य से फ्री होवें एक परिचित से बात करें।

यह जिंदगी दुखों से भरी हो सकती है, चिंताओं की भरमार भी हो सकती है या पैसे की समस्याओं से ग्रस्त भी हो सकती है लेकिन हर समय, हर पल इन्हीं के बारे में सोचने से ये घटती नहीं है। आपको इसके साथ जीना भी आना चाहिए क्योंकि सफर में हर समय दुख नहीं रहते, खुशियों का भी उतना ही समय होता है। बस हम अपना ज्यादातर समय नकारात्मक चीजों के बारे में लगा देते हैं और अपने जीवन को बिगाड़ देते हैं।

भगवान श्री कृष्ण ने गीता में कहा है
ठंड या गर्मी, सुख या दर्द का अनुभव करें।
ये अनुभव क्षण भंगुर हैं, वे आते हैं और जाते हैं
उन्हें समय के साथ धैर्यपूर्वक सहन करें।

जब भी आप घर से निकलें, एक अच्छी किताब अपने साथ रखें। जब आपको समय मिले, पढ़ें। आपका हर क्षण, जो निकल रहा

है, जिसका मूल्य अनमोल है, उसे व्यर्थ करके अपने जीवन को नीरस ना बनायें। मैंने अक्सर लोगों को देखा है जब वे फ्री होते हैं तो वे ये समझते हैं कि उनके पास समय भरपूर है जबकि उन्हें यह पता नहीं होता कि उनके साथ अगले पल में क्या हो सकता है।

अपने समय का उपयोग लेना या दुरुपयोग करना अपने हाथ में होता है, हम इसे रोक नहीं सकते और हम इसे बढ़ा भी नहीं सकते। जो समय आपको मिला है, उसमें ज्यादा से ज्यादा कार्य करने की आदत बनायें। उन लोगों से दूर रहें जो आपके समय को दीमक की तरह चाट जाते हैं।

यदि आप समय बर्बाद करते हैं, तो समय बाद में आपको बर्बाद कर देगा।
– विलियम शेक्सपियर

2. दैनिक दिनचर्या बनाने के चमत्कार –

आप अपने आस–पास जिस किसी भी सफल इंसान को जानते हैं, वह इस नियम को हर दिन अपनाते हैं, वे इस नियम के चमत्कार को मानते हैं। दैनिक दिनचर्या को दुनिया की सबसे बड़ी ताकत की उपाधि देना चाहूँगा। जो इसे अपनाता है, वह इसके फायदों से परिचित है। इससे आपका समय बचता है, आपके कार्य समय पर पूरे होते हैं। लोगों में आपकी एक अलग ही छवि बनती है। जब तक मैंने इस नियम को समझा नहीं था, मुझे 24 घंटे के एक दिन का समय कम लगने लगता था।

सभी सफल इंसानों के पास एक डायरी मिल जायेगी जिसमें उनके सभी कार्य क्रम बंद तरीके से लिखे होते हैं। हम सिर्फ यह कहकर पीछा छुड़ा लेते हैं कि वे बड़े इंसान हैं इसलिए उनको जरूरी होता है जबकि आप इस बात को अच्छी तरह से जानते हैं कि हर बड़ा इंसान कभी न कभी छोटा भी था और उसने

निरंतरता के साथ अच्छे कार्य को किया तब जाके सफल इंसान की श्रेणी मे उसका नाम आया।

आप शुरूआत सिर्फ एक सप्ताह के कार्यों के साथ करें। अगले एक सप्ताह सभी जरूरी कार्यों को दिनों में बाँटकर एक डायरी में लिखें, जरूरी कार्यों को प्राथमिकता दें, गैर जरूरी को बाद मे लिखें। अब जब आपने सभी कार्यों को लिख दिया है तो दिन के सभी कार्यों को रेटिंग दे। सबसे महत्वपूर्ण कार्य A है और अमहत्वपूर्ण कार्य C होगा।

A कार्यों को करने के पश्चात B और C को करना होगा। एक सप्ताह तक करने के बाद आप इसे स्वयं आगे तक ले जाना चाहेंगे।

हम अक्सर छोटे-छोटे कार्यों में इतना व्यस्त हो जाते हैं कि अपने महत्वपूर्ण कार्यों को भूल जाते हैं।

3. सोशियल मीडिया का समय हो –

जब आपका ऑफिस जाने का समय निश्चित होता है, आपके खाने का समय निश्चित होता है, आपके सोने का समय निश्चित होता है तो आपके सोशियल मीडिया का समय अनिश्चित क्यों हो जाता है? क्यो हर वक्त सोशियल मीडिया को मिल जाया करता है जबकि, जो वक्त हमें अपनों में देने को नहीं मिलता, जो अपने आपको देने को नहीं मिलता।

यह समस्या आम बात हो गई है। सभी इसमें फँसे हैं लेकिन पता नहीं है और वे अपने कीमती समय को खोते जा रहे हैं। सफल इंसान सोशियल मीडिया में कम सोशियल पीपुल के साथ ज्यादा समय बिताना पसंद करता है। आप पूरे दिन तो क्या कईयों साल इसके साथ खत्म कर सकते हैं लेकिन जब परिणाम की बात आती है तो वही कॉलम खाली सा नजर आता है।

मैं भी इस परेशानी में कई दिन तक जूझता रहा कि इससे कैसे छुटकारा पाया जाये और कैसे अपने समय को बचाया जाये तब एक सरल तकनीक का सहारा मिला। मैंने अपने मोबाइल से सभी बिना काम वाले एप को हटा दिया और 90 प्रतिशत एप जो अब बचे हैं उनके नोटिफिकेशन को बंद कर दिया। कुछ दिन मुझे अलग-अलग सा लगा लेकिन अभी मुझे काफी राहत है। जहाँ सभी लोग मोबाईल में व्यस्त रहते हैं, मैं अपने कीमती समय को लोगों की समस्या का समाधान ढूँढने में लगाता हूँ। अपने साथ रखी किताबों को पढ़ने में खर्च करता हूँ।

4. जनरल जो आपके कार्य को दर्शाये –

जनरल रखना बहुत ही सरल कार्य है जिससे आपके सभी कार्य उसमें लिखे होते हैं किस समय कौन सा कार्य करना है, यह सब उसमें दर्शाया होता है, जिससे हम कम समय में ज्यादा से ज्यादा कार्य कर पाते हैं और अपने परिवार एवं दोस्तों को समय दे पाते हैं।

आज ही एक कॉपी लें और दिन के सभी कार्यों को उसमें लिखें जिन्हें आप आज पूरा करना चाहते हैं जिन कार्यों के पूरा होने से आपको खुशी मिले और आपका समय का पुरा सदुपयोग हो।

मैंने जिन-जिन इंसानों को सफल बनाया उनको सबसे पहले जनरल में कुछ लिखने से शुरूआत कराता हूँ। क्योंकि इंसान बात करने में तो माहिर होता है किन्तु जब वह लिखता है तभी वह आगे बढ़ने के मार्ग पर अग्रसर होता है।

अपनी जनरल में अपने कार्यों के साथ-साथ उस दिन क्या अच्छा हुआ, उसे भी लिखें और एक सीख को उसमें लिखें जो आपको आज प्राप्त हुई है।

और अंत में रात के समय सोते वक्त उन सभी कार्यों को सही का निशान लगायें जो आपने आज पूरे कर लिये और कल के सभी कार्यों को लिखें जो आपको करने हैं।

मैं अपनी जनरल में 12 कार्य, जो महत्वपूर्ण है, उनको लिखता हूँ, उनको सही ढंग से जमाकर महत्वपूर्ण कार्यों से शुरूआत करता हूँ। मैं अपनी जनरल को गोल वर्क नाम देता हूँ।

शुरूआत में हो सकता है, आपके सभी कार्य पूरे ना हों लेकिन कुछ समय बाद वह ग्राफ बढ़ता जाता है। हमें हार मानकर जनरल लिखना बंद नहीं करना चाहिए, बस उस पर लगातार कार्य करते रहना चाहिए।

आज इंसान इतना व्यस्त हो गया है कि वह अपने महत्वपूर्ण कार्य को भी पूरा नहीं कर पाता है और हर दिन अधुरे कार्यों से उसके ऊपर भार बढ़ता जाता है। वह अपने अमहत्वपूर्ण कार्यों में ऊलझा रहता है।

इसलिए सफल इंसान के पद चिन्हों पर चलने का एक कार्य यह भी होता है। जिस प्रकार मकान नहीं बना करता बिना नक्शे के, उसी प्रकार दिन नहीं बनता बिना जनरल के।

5. चिंता की बजाय चलते रहें –

करोड़ों जीव हैं इस धरती पर लेकिन, समझने और बोलने की शक्ति सिर्फ इंसानों में ही है। यह अमूल्य शक्ति है जिसका हमें कोई भुगतान नहीं करना होता है। इस जीवन में चिंता का होना आम बात है किन्तु उसमें डूबे रहने से अपने कार्य कभी पूर्ण नहीं होते और हमारा समय भी हमारे हाथ से निकल जाता है। हमें उस कार्य की चिंता करने की बजाए उस कार्य को पूरा कर देना चाहिए।

आपकी चिंता आपका कीमती समय नष्ट कर देती है और आपके दिमाग पर बुरा प्रभाव डालती है। मैं समझता हूँ कि सभी इंसानों की समस्या समान नहीं होती है। कुछ भूल जाने लायक नहीं होती, किसी को हम भुला नहीं पाते किन्तु इन सभी को अपने दिमाग में रखने से हम आगे नहीं बढ़ पाते और खुशियों के खजाने से दूर होते जाते हैं।

चिंता सबसे छोटा शब्द है किन्तु इंसान अगर इसके चंगुल में फँस जाये तो अपनी जिंदगी तबाह कर सकता है। रोगों से ग्रसित, गरीबी से ग्रसित, पैसों की कमी, परिवार का बुरा हाल जैसे अनेकों बीमारियों की शुरूआत इस चिंता से ही शुरू होती है।

चिंता करने की बजाए
अपनी ऊर्जा को समाधान पाने में लगायें

अखिलेश सोमानी

हम इन चिंताओं के आने को रोक नहीं सकते किन्तु हम इसके समाधान पर कार्य करके इसे हरा जरूर सकते हैं।

6. एनर्जी सहित वाले इंसान बनें –

आज हम अपनी एनर्जी को बढ़ाना भूल गये हैं, हमने पैसों को कमाना तो सीख लिया लेकिन अपनी कार्य क्षमता को बढ़ाना भूल गये। अक्सर लोग सामने वाले को बेमतलब की बातों में उलझाये रखते हैं और उनका समय खराब करते हैं। जब बात परिणाम की आती है तो एक ही परिणाम मिलता है– समय की बर्बादी। जब कार्य कुशल इंसान चिकित्सालय में भर्ती होता है तो हम उसको बचाने के लिए लाखों–करोड़ों रूपये तक लगा देते हैं और यही कोई बिना योग्य इंसान हो तो हम परवाह कम कर दिया करते हैं। परिणाम स्पष्ट है योग्य इंसान की कीमत ज्यादा होती है बजाए अकार्य कुशल इंसान के।

घड़ी भी सेल की एनर्जी से चलती है, एनर्जी खत्म होने पर घड़ी भी रूक जाती है। अपनी एनर्जी व समय को बचाने की कोशिश करें, समय के सफल लोगों के साथ रहें, उनसे सीखें, आगे बढ़ने वाले कार्यों पर अपना ध्यान लगायें। सफल इंसान बनकर लोगों की मदद करने की कोशिश करें।

छोटी सोच के इंसान से कोई बात करना पसंद नहीं करता और वही सफल इंसानों से हर इंसान मिलने की ख्वाहिश रखता है।

अपने आपको सफल इंसानों के साथ वाली मेज पर समझें और निरंतर अच्छे कार्यों के साथ अपने आपको आगे बढ़ायें।

7. 1 प्रतिशत फार्मुला से जीवन मूल्यवान बनायें –

यह बात आपने सुनी होगी कि संसार परिवर्तनशील है। संसार के हर कोने में परिवर्तन चल रहा है। हर फैक्ट्री, कारखाना, नौकरी, व्यवसाय इत्यादि में बदलाव दिख रहा है किन्तु जब बात इंसानों की आती है, वे उतने तेज गति से नहीं बदलते जिस कारण कुछ ही इंसान आगे निकल पाते हैं।

दुनिया के 3 प्रतिशत लोग जो कि सफल लोगों की लिस्ट में मौजूद हैं, वे अपने 1 प्रतिशत नियमों के द्वारा ही यहाँ तक पहुँचे हैं। वे हर दिन अपने कार्यों में 1 प्रतिशत सुधार करते हैं, वे अपने आप में 1 प्रतिशत का सुधार करते हैं।

मात्र 1 प्रतिशत सुधार आपकी जिंदगी बदल सकता है। इसे लगातार निरंतरता के साथ करें। अपने कार्य को इस तरह से तैयार करें कि उसमें कुछ सुधार करके समय को बचाया जाये और लोगों को मदद मिले।

यह नियम आपके समय की बचत के साथ-साथ नये-नये इनोवेशन भी आपसे कराता है जिससे आपका उत्पाद/सर्विस लोगों से हटकर बनती है। आज आप किसी भी वस्तु को देखें और उसकी 10 से 15 साल पुरानी फोटो देखें, उसमें काफी अंतर देखने को मिलेगा। इसका मतलब यह नहीं है कि पिछले समय में जो चीज आपको मिली, वह खराब थी और आज जो मिली है, वह सही है बल्कि आज जो आपके पास है, वह उसी का नया वर्जन है। जब मोबाईल के एप में हर दिन अपडेट आते हैं उनको हम अपडेट करना कभी नहीं भूलते तो क्यों हम अपडेट नहीं होते। हममें भी हर दिन 1 प्रतिशत अपडेट होना चाहिए।

जिस प्रकार मोबाईल के अपडेट रहने से उनके एप ज्यादा तेज गति से काम करते हैं, उसी तरह हमारे अपडेट रहने से हमारे परिणाम हमें चाहने वाले मिला करते हैं।

8. आपकी सोच आपका समय लाती है –

एक समय था जब हम अपने कार्य को कल पर छोड़ दिया करते थे, अब समय बदल गया है। अब कल के कार्य को भी एक दिन पहले पूरा करना अत्यावश्यक हो गया है। समय बदल गया है, जिसने समय के साथ अपनी सोच को बदला, वही टिक पाया है।

बुरी परिस्थितियों में भी सकारात्मक रहना सीखें क्योंकि सभी परिस्थितियाँ हमारे चाहने के अनुसार नहीं चलतीं। अपनी सोच को बदलें, हर बार नकारात्मक सोचकर आप अपनी प्रगति को रोकने का कार्य करते हैं। एक गलत सोच आपकी पूरी जिंदगी बदल देता है, लोगों के प्रति आपका नजरिया बदल जाता है। इंसान आपसे दूर रहने की कोशिश करते हैं। छोटे बच्चों को सब पसंद करते हैं क्योंकि उनकी सोच कम नकारात्मक होती है, जैसे–जैसे वे बड़े होते जाते हैं, परिवर्तन होता जाता है और वे पसंद या नापसंद इंसान बन जाते हैं।

आप कैसा इंसान बनाना चाहते हैं, यह आप पर निर्भर करता है। आपकी जैसी सोच होती है, आने वाले समय में वेसे ही इंसान आप बन जाते हैं।

जिंदगी के यह नियम हमें कहीं नहीं पढ़ाए जाते, इनको तो हमें सीखना पड़ता है। जो सीख जाते हैं, वह आगे बढ़ जाते हैं और जो इनको भार समझते हैं, वे इतिहास के पन्नों में गुम हो जाया करते हैं।

सभी चाहते हैं कि उनको प्यार मिले, सम्मान मिले खुशियाँ उनके इर्द–गिर्द घुमे और पैसों की कभी कमी ना हो। इन सभी को पाना आसान है, बस अच्छी चीजों के परिणाम को आने में समय लगता है।

अपने सोचने के तरीके को बदले सफल लोगों को साथ रखे, जिस चीज को आप पाना चाहते हैं, उसके बारे में सोचें, अवांछित बातों में अपना समय ना गवायें और अपनों को समय दें।

अपने शब्दों को सोच-समझकर बोलें, जो आपको कभी सुनना न पड़े, ऐसे शब्दों को काम में न लें, सबको साथ लेकर चलने वाला इंसान बनें। हो सकता है इस रास्ते में आपको खूब तकलीफों का सामना करना पड़े किन्तु याद उसे ही रखा जाता है जो तकलीफों को सहते हुए जिंदगी में आगे बढ़ा करते हैं।

हरे-भरे खेत भी साफ हो जाते हैं एक रोग लगने से, उसी तरह इंसान भी एक गलत सोच से बर्बाद हो सकता है।

कैसी भी परिस्थिति आये, सकारात्मकता को अपनायें और अपने जीवन में मिठास बढ़ायें।

9. सत्यता, अच्छाईयाँ और लाभदायिकता पर कार्य करें –

इस दुनिया में सभी को समान समय मिला है, आप अपने समय को बढ़ा नहीं सकते। किन्तु सत्य के पथ पर चलकर अपने समय को महान बनाया जा सकता है, अच्छाई के सहारे जीवन को गुजारें और जिन बातों से आपको कोई लाभ ना हो, उन बातों पर गौर करना बंद करें।

हम बातों ही बातों में भूल जाते हैं और आपने समय को खराब कर देते हैं। जब भी किसी से बात करें, उन बातों में सत्यता, अच्छाई और लाभदायकता मिली होनी चाहिए जिससे कि सामने वाला इंसान आपसे हर बार बात करना पसंद करे।

समय सबसे बड़ा तोहफा होता है लेकिन अगर आप उस समय को व्यर्थ गवाँ रहे होते हैं तो उसकी कीमत आपको चुकानी होती है।

जिस प्रकार मनोरंजन के बिना जीवन रंगहीन हो जाता है, उसी प्रकार समय की परवाह ना करने पर जीवन अर्थहीन हो जाता है।

यदि आप जीवन से प्यार करते हैं, तो समय बर्बाद न करें, क्योंकि जीवन समय से बना है।

— ब्रुसली

अक्सर दुनिया जीतने की चाह रखने वाले अपने दिन को भी जीत नहीं पाते, पहले दिन जीता जाता है, फिर दुनिया जीती जाती है।

हमने क्या सीखा

यह जो जिंदगी हमें मिली है, इसकी एक्सपायरी कभी भी हो सकती है। इससे पहले कि यह एक्सपायर होवे, हमें इनको काम में ले लेना चाहिए। हमें यह नहीं पता होता है कि इसकी कौन सी अंतिम तिथि होगी। हमारा कार्य बस इतना सा है कि हमें हमारे लक्ष्यों को समय से पहले प्राप्त करना आना चाहिए। समय के हर पल को सार्थक बनाना चाहिए क्योंकि समय को हम बढ़ा नहीं सकते इसलिए हमें निम्न बातों को ध्यान में रखकर अपने कार्यों को करना चाहिए –

- सफर का महत्वपूर्ण समय
- दैनिक दिनचर्या के चमत्कार
- सोशियल मीडिया का समय रखे
- जनरल जो आपके कार्य को दर्शाये
- चिंता की बजाय चलते रहें
- एनर्जी सहित वाले इंसान बनें
- 1 प्रतिशत फार्मुला से जीवन मूल्यवान बनायें
- आपकी सोच आपका समय बदलती है
- सत्यता, अच्छाई और लाभदायिकता पर कार्य करें।

दैनिक परियोजना

<u>समय कार्य</u> (धन, संबंध और स्वास्थ्य के बारे में)

6AM ....
7AM ....
8AM ....
9AM ....
10AM ....
11AM ....
12PM ....
01PM ....
02PM ....
03PM ....
04PM ....
05PM ....
06PM ....
07PM ....
08PM ....
09PM ....

कुल धन परिणाम ....
....
....

कुल संबंध परिणाम ....
....
....

कुल स्वास्थ्य परिणाम ....
....
....

अध्याय ५
हाऊ टू मैनेज गोल

अगर आप अपने बच्चे को ऐसे बड़ा करते हैं कि वह जो भी लक्ष्य या कार्य को चाहे, उसे अचीव कर सकता है तो एक पैरेटंस के रूप मे आप सफल हो चुके हैं।

— ब्राइन ट्रेसी

आप इस शब्द से अपरिचित नहीं हैं जिसे 'लक्ष्य' कहा जाता है। बस आपने इस शब्द को काम में नहीं लिया लेकिन इसके कार्य करने की कुछ विधि को हर दिन अपनाते हैं।

लक्ष्य का अर्थ है आप क्या चाहते हैं भविष्य में। हर इंसान के पास कईयों लक्ष्य हैं। कोई घर, गाड़ी, व्यापार चाहता है तो कोई पैसा, परिवार, स्वास्थ्य तो कोई विदेश भ्रमण, मानसिक शांति, अच्छा व्यवहार। ऐसे बहुत कम ही इंसान होंगे जो इस दुनिया में अपने पास जो है, उससे खुश हैं और आगे उन्हें कुछ नहीं चाहिए।

लेकिन हम इंसान हैं, हमें कहीं न कहीं हर दिन इनकी जरूरत होती ही है, किन्तु इस दुनिया में हर इंसान को, जो वे चाहते हैं, वह नहीं मिलता। कारण सिर्फ और सिर्फ एक कि उसने चाहने के बाद वाली प्रक्रिया को ध्यान में नहीं रखा। केवल चाहने से हर चीज नहीं मिल जाती।

तो चाहने के बाद की प्रक्रिया क्या है, यह इस प्रकार है –

- चाहत
- पाना
- लक्ष्य बनाना

- प्लानिंग करना
- कार्य करना
- परिणाम मिलना

आप किन कारण से आज तक अपने लक्ष्य नहीं बना पाये, उसके आगे सही का निशान लगाकर अपनी समस्या को जानें –

- लक्ष्य क्या होता है?
- लक्ष्य कैसे बनाये जाते हैं?
- लक्ष्य को कैसे पूरे किये जाते हैं?
- असफल होने का डर?
- लक्ष्य क्यों जरूरी है?

सोचें अगर आपके पास 5000 का कर्ज है और दूसरा 5 लाख का तो आप कौन सा पहले अदा करना चाहेंगे? सबसे छोटा कार्य सबसे पहले, उसी तरह लक्ष्य में भी छोटे लक्ष्यों को पहले पूरा किया जाता है और बड़े लक्ष्य को छोटे-छोटे टुकड़ों में बाँटकर पूरा किया जाता है। बस आपमें चाहत और पाने की मानसिकता होनी चाहिए। अक्सर लोगों में लक्ष्य की चाहत तो होती है लेकिन उसे पाने की मानसिकता नहीं हो पाती और वह लक्ष्य पूरा नहीं हो पाता।

इन तीन प्रमुख वजह से किसी इंसान को अपने लक्ष्यों में जीत हासिल नहीं हो पाती है।

1. अपने लक्ष्य को नहीं लिखना –

मेरा मानना है कि आप जब किसी कार्य को लिखकर नहीं करते हैं तो आप उसमें दिलचस्पी नहीं रखते हैं और जिस कार्य में दिल नहीं लगता, वहाँ आपकी सोच भी उसे पूर्णता नहीं प्रदान कर पाती है।

हम अपने दिमाग में कुछ बातें ही संग्रह के रूप में रख पाते हैं जिसमें हमारा दिमाग ज्यादातर नकारात्मक बातों से ही भर जाता

है और ये बातें कुछ काम की नहीं होती और हमारे लक्ष्य अपने दिमाग में जगह ही नहीं बना पाते हैं। सभी सफल इंसान अपने लक्ष्यों को लिखकर हर दिन उस पर कार्य करके आगे बढ़ते हैं।

अपने घर में किसी की शादी हो तो सबसे पहले एक डायरी लेकर उसमें अपने छोटे कार्य से लेकर बड़े कार्य को उसमें लिखते हैं... वह कैसे होगा, कब होगा इत्यादि। हम कभी कुछ भूल भी जाते हैं तो याद आने पर उसमें लिख दिया करते हैं और जब वह विवाह खत्म हो जाता है, लोगों से हमें सुचनायें मिलती हैं कि शादी बहुत शानदार हुई, वह रस्म बहुत खुबसुरत थी, खाना बेमिसाल था, हमने खूब आनंद लिया। यह सब कुछ सफलता का श्रेय उस डायरी को जाना चाहिए क्योंकि अगर हम उसे ना बनाते तो आज कुछ और सुनने को मिलता जिसे हम सुनना पसंद ही नहीं करते।

तो आपका लक्ष्य बनाने का पहला कार्य उसे भली–भांति तरीके से लिखना होना चाहिए जिससे कि समय के साथ उसे जल्द पूरा किया जा सके।

प्रतिज्ञा – मैंने अपने सभी लक्ष्यों को लिख लिया है, अब मैं उन लक्ष्यों को प्राप्त कर रहा हूँ, मैं शानदार इंसान हूँ।

2. लक्ष्यों से भटक जाना –

यह अक्सर हमारे साथ होता है कि हम जिस कार्य को करना शुरू करते हैं उसमें कई अनचाही तकलीफें जन्म ले लेती हैं और ध्यान भटक जाता है। जिसने भी जन्म लिया है, उसके जीवन में तकलीफें भी जन्म लेती हैं... कभी छोटी तो कभी बड़ी हो जाती हैं। वे हमें अपने लक्ष्यों को प्राप्त करने में बाधा का काम करती है। जबकि लक्ष्य हमें सफल और जीत हासिल करने के लिए प्रेरित करता है।

इस अध्याय को इस किताब में लेने का एक बडा कारण यह भी है कि हमें लक्ष्य की जरूरत हर समय होती है किन्तु हमें इसके

बारे में कभी बताया या समझाया नहीं गया है। अपने जीवन में लक्ष्य होना सबसे जरूरी चीज है। जैसे हम बिना भोजन के नहीं जी सकते, उसी तरह यह जीवन बिना लक्ष्य के अधूरा है।

> **अगर आप खुशहाल जीवन जीना चाहते हैं तो उसे किसी लक्ष्य से बांध कर रखिये न कि लोगों या चीजों से।**
> **– अल्बर्ट आइंस्टीन**

समय निकल जाता है। अगर आपने अपने सपनों पर कार्य नहीं किया तो जिंदगी तो पूरी हो ही जाती है लेकिन आपका जीवन अधुरा रह जाता है। क्योंकि इस दुनिया में बहुत बार ऐसा भी होता है जिसे आप पसंद नहीं करते। उसी काम को आपको करना पड़ता है।

प्रतिज्ञा – मैं अपने लक्ष्यों में निरंतर सुधार कर आगे बढ़ रहा हूँ, मैं अपने लक्ष्यों को प्राप्त कर रहा हूँ, मैं शानदार इंसान हूँ।

3. सफल मार्गदर्शक की कमी –

हमारे इर्द-गिर्द हजारों इंसान हैं किन्तु उनमें से कुछ ही हमारे दोस्त बनते हैं। उन दोस्तों में कुछ ही सफल व्यक्ति होते हैं और उन सफल व्यक्तियों में से बहुत कम या एक दो ही हमारा मार्ग दर्शन करना पसंद करते हैं और उन्हीं को हम गलत समझते हैं। आपकी सफलता का श्रेय उस इंसान को जाता है जो आपकी लक्ष्य प्राप्ति में मदद करता है। लेकिन आज कल एक नया दौर चला है। अच्छा किया तो मैंने और बुरा किया तो सामने वाले ने।

जब हम सफल नहीं हो पाते हैं तो हम लोगों पर दोष थोपकर अपने आप को बचाते हैं। हमें दूसरे लोगों की सब बातें पता होती हैं, वे क्या कर रहे हैं, क्या उन्होंने नहीं किया और अपनी जिंदगी किस खाई की ओर जा रही है, यह उन्हें पता ही नहीं होता।

सफल मार्ग दर्शक का सान्निध्य मिलने का मतलब अपने सभी लक्ष्य समय से पहले हासिल करना। बचपन में हमें लक्ष्यों के बारे में किसी ने बताया नहीं होता और अब हम इसके बारे में पढ़ना नहीं चाहते और पढ़ भी लें तो पूरे कैसे किये जाएं, इनमें ही उलझकर रह जाते हैं।

आपने अगर अपने लक्ष्य नहीं बनाये हैं तो आप आपने आपको उस ट्रेन में बैठे पायेंगे जो चल रही है किन्तु न आपको पता है कहाँ जाना है न वो बतायेगी कि वह आपको कहाँ ले जा रही है। एक मार्ग दर्शक ढूँढे जो आपको सही रास्तों का ज्ञान करायें, जो आपके जीवन को समझें, जो आपको आपके लक्ष्यों को प्राप्त करने में मदद करें।

हर वह चीज जो आप चाहते हैं, इस दुनिया में आपके आने से पहले बन चुकी है। अगर आप उनको काम में नहीं लेंगे तो कोई और लेकर आगे बढ़ जायेगा।

प्रतिज्ञा – मैं कामयाब लोगों को साथ रख आगे बढ़ रहा हूँ, मैं अपने लक्ष्यों को प्राप्त कर रहा हूँ, मैं शानदार इंसान हूँ।

आइए जानते हैं किन नियमों को अपनाकर आप अपने लक्ष्यों को पूरा कर सकते हैं –

1. चाहना, लिखना और पाने का सिद्धान्त –

हम अक्सर एक उलझन में रहते हैं कि हमें क्या चाहिए? इसकी वजह है जो हम चाहते हैं, उसको लिखना भूल जाते हैं, इसी वजह से वह हमें प्राप्त नहीं होती।

एक छोटा सा कार्य मैं आपसे कराना चाहता हूँ, एक पेन या पेंसिल लें और इन खाली जगह को भरें। आप अपने इस जीवन में जो चाहते हैं, उन्हें लिखें–

- स्वास्थ्य– ....

- रिश्ते– ....
- धन– ....

आप अपने स्वास्थ्य को कैसा देखना चाहते हैं। अपने रिश्ते कैसा चाहते हैं और कितना धन आपके पास होना चाहिए। आपके पास जादुई चिराग आया है, आज जो भी आपके लक्ष्य हैं उन्हें लिख दें।

अपने लक्ष्य लिख दें
अपने लक्ष्य लिख दें
अपने लक्ष्य लिख दें

सफल इंसान अपने गोल को लिखकर पूरा करने की शक्ति को जानते हैं। वे इस पर सभी दिन कार्य करते हैं, एक दिन का भी नागा नहीं करते। इसलिए वे अपनी जनरल में हर दिन इनको लिखा करते हैं उनके साथ अपना दिन गुजारते हैं। जो निर्णय हम आज लेते हैं, उसी का फल हमें कल मिलता है।

सोचो आप क्या चाहते हैं, अपने डर को, अपनी समस्याओं को नजरअंदाज करके अपने लक्ष्य पर निरंतरता के साथ, अनुशासन के सहारे प्रतिदिन कार्य करें। आपको सफल होने से कोई नहीं रोक पायेगा। एक दिन सफलता आपके कदम चुमेगी। जिस प्रकार घर में किसी शुभ कार्य के बारे में सोचा जाता है तो उसे लिखा भी जाता है, हम हर पल उसके बारे में बात भी करते हैं और तैयारी भी करते हैं। उसी प्रकार अपने गोल को लिखकर उसकी तैयारी करें।

2. चाहत वाला दिन –

जब हमारे घर पर कोई शुभ कार्य होता है, हम उसको सोचने के बाद सबसे पहला कार्य उसकी तारीख निकालने का कार्य करते हैं। सर्वश्रेष्ठ दिन, समय का चुनाव करते हैं, उसे निश्चित कर देते हैं, उसी प्रकार अपने लक्ष्य को पाने की भी तारीख निकाल लें।

मैं इसे चाहत वाला दिन कहना पसंद करूँगा। आप उस तारीख को 2 या 3 जगह पर लिख दें, वह तारीख अपने ऑफिस या व्यावसायिक जगह पर लिख दें जहाँ आपकी नजर हर समय रहे। जब यह तारीख हमारे आँखों के सामने रहती है, हमें याद रहता है कि इस दिन हमारे लक्ष्य पूरे हो जायेंगे। हमें अपने काम का पता रहता है।

अक्सर इंसान भूलने की बिमारी से ग्रसित हो जाता है। हम अच्छी बातों को ज्यादा समय के लिए याद नहीं रख पाते हैं और बुरी बातें हमारे दिमाग से बाहर निकलती नहीं है और इन अच्छी एवं बुरी बातों के बीच हमारे गोल अधूरे रह जाते हैं।

ज्यादातर समय जब हम अपने लक्ष्यों पर कार्य करना शुरू करते हैं तो हमें कार्य में सफलता मिलना शुरू होती है।

समय सीमा के साथ पूरा करने के लिए देखा गया सपना ही लक्ष्य है

– नेपोलियन हिल

क्योंकि अगर हम अपने लक्ष्यों पर कार्य नहीं करेंगे तो हमें किसी और के लक्ष्यों पर कार्य करना होगा। और सबसे बुरा होगा अगर हमें किसी और के लक्ष्यों को पूरा करने के लिए दिन–रात मेहनत करनी पड़े।

3. जीवन की पांच बुरी समस्याएं –

किसी कार्य की योजना बनायें और उसमें समस्याओं को अगर ना जोड़ा जाये तो वह कार्य अधुरा रहता है।

एक बार की बात है किसी गांव के किसान को भगवान ने दर्शन दिये और उसे वरदान माँगने को कहा। वह व्यक्ति भगवान का बड़ा भक्त था। उसने भगवान से कहा कि मेरी फसल को कोई समस्या ना आये। भगवान ने कहा – तथास्तु।

कुछ समय बीता। फसल आने का समय हुआ लेकिन उसको अलग समस्या उत्पन्न हो गई। सबकी फसल में दाने आ रहे थे, उसकी फसल लहलहा रही थी किन्तु उसमें दाने कुछ भी नहीं थे। उसने भगवान से प्रार्थना की। भगवान आये... किसान को परेशान देख भगवान मंद–मंद मुस्कुराए। किसान ने कहा – प्रभु फसल तो है पर दाने कुछ भी नहीं, ऐसा क्यो? तब भगवान ने कहा – जिस चीज को समस्या नहीं मिलती तब तक वह निखरता नहीं है। तुम्हारी फसल को समस्या मिली ही नहीं, पानी चाहिए था पानी मिल गया, खाद चाहिए खाद मिल गया, धुप चाहिए थी धुप मिल गई, हवा के समय हवा मिल गई उसको जब जो चाहिए था, वह मिलता गया और आज तुम इसे देख ही रहे हो।

इस जीवन में समस्याओं का आना तय है। आप उनसे बच नहीं सकते हैं। आप उनका समाधान करके ही आगे बढ़ सकते हैं। अभी जीवन में चल रही अपनी पाँच समस्याओं को लिखें जिनका समाधान ढूँढना अत्यन्त जरूरी है–

- ....
- ....
- ....
- ....
- ....

क्या आप मानते हैं कि इन पाँच समस्याओं के खत्म हो जाने पर आप अपने लक्ष्यों की और आगे बढ़ जायेंगे। अगर आपका उत्तर हाँ है तो नियम को समझें क्योंकि उस शुभ कार्य में भी हमें समस्याओं का डर होता है जिनको हम समझ कर दूर करने की कोशिश करते हैं और अपने शुभ कार्य को धूमधाम से मनाते हैं।

4. अपने कौशल का पता लगायें –

लगभग सभी परिस्थितियों से लड़ना हमें जन्म से ही सिखाया जाता है किन्तु हम किस परिस्थिति को लोगों से बेहतर अच्छी तरह से हरा सकते हैं, यह हमें कभी नहीं समझाया जाता है। जब तक हम इस बात का पता लगा पाते हैं, हमारी लगभग आधी जिंदगी व्यतीत हो चुकी होती है।

पता करें आप क्या कार्य बिना समय गवायें करना पसंद करेंगे जिससे आपको पैसा मिले और लोगों की समस्या हल हो। सभी इंसान में एक कौशल जन्म से पाया जाता है, बस उसे समझ पाने में समय लग जाता है। जब कौशल का पता लग जाये तो उसे और अच्छा बनाने की कोशिश करें, उसमें हर दिन सुधार करें, उसे कैंची की धार की तरह पैना करें।

आप कितने बड़े सपने देखते हैं, उसे सफलता नहीं कहा जाता। सफलता तो वह है जो अपने छोटे-छोटे सपनों को जुनुन के साथ पूरा किया जाता है। अपने सपनों को पूरा करने का श्रेय अपने कौशल को जाता है। कितने सुदृढ़ तरीके से अपने सपनों को समय में पूरा करते हैं, यही महत्वपूर्ण होता है।

अपने सपने तभी पूरे होते होते हैं जब हममें काबिलियत आती है उसे पूरा करने की। बाकी सपने तो जानवर को भी आते हैं सोने के बाद पर वे कभी उन्हें पूरा नहीं कर पाते अपनी सोच सही ना होने के कारण।

5. सभी कार्यों को लिखें और प्राथमिकता पायें –

अब जब आपने सभी लक्ष्यों को जान लिया, उनके समय और समस्याएं भी जान लिए तो आगे कार्य बनता है कि उन लक्ष्यों को किस तरह से प्राप्त किये जायें, किन कार्यों को करने होंगे, उन्हें लिखें।

टॉनी राबिनस ने एक शानदार बात कही है –

जीवन में हम जो चाहते हैं, वह नहीं मिलने की एक वजह है हमारा उन कारणों के बारे में सोचना कि हम उन चीजों को क्यों नहीं पा सकते क्योंकि हमें ये तो पता होता है कि ये चीजें जिंदगी में कभी नहीं चाहिए किन्तु हमें यह कभी नहीं पता होता है कि हमें क्या–क्या चाहिए।

जब मैंने अपने करियर की शुरूआत की, मुझे भी यह तो पता था कि मुझे स्वास्थ्य से सम्बिधित क्षेत्र मे नहीं जाना हैं किन्तु मुझे यह नहीं पता था कि मुझे किस क्षेत्र को चुनना चाहिए।

अपने कार्यों को प्राथमिकता के आधार पर बाँट दें, सभी कार्यों को ग्रेड दें। सबसे जरूरी कार्य को A और सबसे कम जरूरी को क्ए इस प्रकार बाँट दें। अगर जरूरी कार्य में दो–तीन या ज्यादा हों तो A, A+, इस प्रकार ग्रेड दें एवं कम जरूरी होने पर B, B+ इस प्रकार ग्रेड दें।

इससे आपको पता चल जायेगा कि सबसे अत्यंत जरूरी कार्य कौन सा है किस कार्य को प्राथमिकता से किया जाये तो अपने लक्ष्यो को प्राप्त करने मे आसानी होगी।

ग्रेड देने के बाद सभी कार्यों को क्रमानुसार लिख लें A पहले B, C, D बाद में, इस तरह आपके कार्य हों।

6. लक्ष्यों, प्लानिंग और शुरूआत –

लक्ष्यों को आपने छोटे–छोटे कार्यों में बाँटे तो आगे का कार्य आता है प्लानिग का। किस प्रकार उन कार्यों को पूरा किया जायेगा, किस समय में उन कार्य को किया जायेगा, कौन–कौन आपकी मदद करेगा, इस बारे में सब कुछ डिटेल में लिख लें ताकि जब आपको कोई समस्या आये तो आप उस इंसान से अपनी समस्या का समाधान ले सकें।

इतना सब कुछ होने के बाद आपने अपनी जंग को आधी जीत लिया होता है। यह सब शुरूआत में कठिन लगता है लेकिन एक बार जब आप इसे अपनी रोजमर्रा की जिंदगी में अपनाने लगते हैं, इसे अपनी आदत बना लेते हैं तब आपके लिए यह आसान हो जाता है। सफल इंसान इन कार्यों के द्वारा ही अपने बड़े–बड़े लक्ष्यों को कम समय मे पा लिया करते हैं जिससे सफलता उनका हर कदम पर स्वागत करती है, वे आगे बढ़ जाते हैं।

अगला कदम शुरूआत का होता है। जो अपने सबसे महत्वपूर्ण कार्य को छाँट लिया उसे अभी शुरू कर दें। बिना किसी बहाने के हर दिन उस पर कार्य करें, चाहे परिस्थिति सही हो ना हो, चाहे आपके पास उचित साधन हो ना हो बस अपने कार्य को शुरू कर दें।

हम किसी कार्य के बारे में सोचने विचारने में अपना 80 प्रतिशत तक दे देते हैं जबकि उस कार्य को करने की बारी जब आती है उस पर सिर्फ 20 प्रतिशत ही खर्च करते हैं एवं जब सफलता नहीं मिल पाती है तो दोषों की किताब खोल देते हैं। परिस्थितियों को बुरा–भला कहने लग जाते हैं जो कि सरासर गलत है।

लक्ष्य जब आपको पूरे करने होते हैं तो आपको कार्य दूसरों पर थोपने से क्या फायदा। आपके सपनों में किसी को दिलचस्पी नहीं होती लेकिन आपकी सफलता को वे अपनी सफलता मानते हैं।

7. मानसिक चित्रण का सिद्धांत –

मानसिक चित्रण जिसे अंग्रेजी में 'विजूअलाइजेशन' भी कहा जाता है। यह इंसान को अपने लक्ष्यों के करीब ले जाने का कार्य करती है, इसमें आप जिस लक्ष्यों को पाना चाहते हैं उनके पूरे होने पर आप कैसा अनुभव करेंगे, यह सोचना होता है, उसका चित्र अपनी आँखों में देखना होता है। आपका लक्ष्य जब प्राप्त हो जाता है तब वह कैसा होगा, आप उस दिन क्या–क्या रहे होंगे, कैसे

विचार आपके बन रहे होंगे, किन—किन लोगों का साथ आपको मिला होगा इत्यादि... इस चित्रण का अंत ही नहीं है।

यह आदत जो आपको अपने लक्ष्यों को प्राप्त कराने में मदद करेगी, आपको अपने व्यस्त समय में से हर दिन 10 से 15 मिनिट का समय इस मानसिक चित्रण को देखने में देना होगा। सभी कामयाब इंसान 15 मिनिट तक इस कार्य को करते हैं। यह आदत उनकी रोजमर्रा की जिंदगी का एक हिस्सा हुआ करती है।

अगर आप अपने सपनों की कल्पना करते हैं, उसे महसूस करते हैं, इस पर भरोसा रखकर विश्वास करते हैं, अपने दिमाग में योजना बना कर शुरूआत करते हैं, उस लक्ष्य को पाना आसान हो जाता है।

ये चीजें भले ही आपको नई सी लग रही हैं किन्तु यह नई प्रक्रिया नहीं है। वेदों—पुराणों में भी इनका बखान हो रखा है किन्तु हम इस रचना से अनभिज्ञ हैं, अपने परिवेश मे इन बातों के जिक्र ना होने के कारण।

मानसिक चित्रण की इस प्रक्रिया को अपनायें और लक्ष्यों को अपने निकट पायें।

8. व्यवहार में आभार की भावना –

जब आप किसी अनजान गली से निकल रहे होते हैं, वहाँ खड़े एक छोटे बच्चे को देखते हैं, उसे देखकर मुस्कुराते हैं, बदले में वह भी मुस्कुराता है। हम उस दुनिया का हिस्सा हैं जहाँ जो हम देते हैं, वही पाते हैं। आपने उस बच्चे को प्रसन्नता दी, बदले में उसने भी आपको मुस्कान दी।

जब आप अपने व्यवहार में आभार की भावना को लाते हैं, आपके कार्य ऑटो पायलट मोड में चलने शुरू हो जाते हैं। आभार की भावना में हमारा पैसा नहीं लगता, फिर भी हम इसे बचा के रखते हैं। यह वैसा ही है जैसे हमारे पास बहुत सारा खाना है लेकिन

हम ने उसे ढका के रख दिया, उसे किसी के पास नहीं पहुँचा रहें, उसे किसी को नहीं दे रहें।

जो कोई भी कामयाबी पाता है, वह बिना दूसरों की मदद स्वीकार किये बिना ऐसा नहीं कर सकता है। बुद्धिमान और विश्वासी लोग इस सहायता को कृतज्ञता से स्वीकार करते हैं।

– अल फेड नार्थवाइटहेड

कृतज्ञता सबसे छोटा सदगुण है। आप अपने जीवन में जो हैं, उसके लिए कृतज्ञता महसूस करिए। आप पायेंगे कि जीवन बिना कृतज्ञता के कुछ भी नहीं। जब आप इस भावना के साथ कार्य करते हैं, आप अनेकों अच्छी चीजों को अपने पास आता पायेंगे।

एक समय था जब हमें कुछ पाना होता तो हमें अपने रास्तों को ढूँढना पड़ता, उस पर गलतियाँ होती, उनको सुधारते और फिर जाकर हमें अपनी मंजिल मिला करती। आज हमारे पास इतना समय नहीं है कि गलतियाँ करें, उन्हें सुधारें। जो सफल इंसान है, उनके बताये या वे जिन रास्तों से सफल बने हैं, उन पर चलें। जो गलतियाँ उन्होंने कि है आप ना करें। समय उतना नहीं है जितना हम सोच रहे हैं, आपका समय कब पूरा हो जायेगा, यह हमें पता भी नहीं चलेगा। अपने लक्ष्यों एवं जीवन के प्रति कृतज्ञ रहें।

9. अपने लक्ष्य को उद्देष्य के साथ जोड़ें –

आपने अपने गोल को लिख दिया लेकिन उन गोल में से भगवान आपका एक गोल पूरा करना चाहे तो आप किस गोल को पूरा करायेंगे। मैं चाहता हूँ आप उस गोल को अभी लिखें –

मैं चाहता हूँ ....

....

आपने अपना गोल, जो सबसे महत्वपूर्ण है, वह लिख दिया लेकिन इस गोल के पूरे होने से आपका क्या फायदा होगा, कैसा आपका

जीवन हो जायेगा, क्या समस्या हल हो जायेगी, किस तरह आपका जीवन स्तर हो जायेगा, इसे भी लिखें –

....
....
....
....
....
....
....

आपका 80 प्रतिशत कार्य आपने कर दिया, अब बस इन कार्यों की शुरूआत करें और 20 प्रतिशत को पूरा करें और अपने लक्ष्यों को सम्मान के साथ प्राप्त करें। अपने आप पर और लक्ष्यों पर विश्वास करें और कोशिश करते रहें जब तक अपने लक्ष्य प्राप्त ना हो जायें क्योंकि कोशिश करने वालों के लिए असंभव कुछ भी नहीं है।

इतना सब कुछ जान गये हैं अपने लक्ष्यों के बारे में लेकिन जानना ही काफी नहीं होता। हमें इन्हें लागू भी करना चाहिए तो अपने दिमाग के दरवाजों को खोलें और इन सभी नियमों को अंदर जाने दें और अपने जीवन को नयी बुलंदियों से भर दें।

हमने क्या सीखा –

अपनी मानसिकता को बदलना आसान होता है लेकिन आपने अपने लक्ष्य नहीं बनाये तो उस मानसिकता का कोई अर्थ नहीं रह जाता। अक्सर हम लोगों को बदलने की बात तो करते हैं किन्तु अपने लक्ष्यों के बारे में कभी बात नहीं करते। यहाँ तक कि हम उन चीजों से दूर भागते हैं क्योंकि हमें हारने का डर सताता है।

इन नियमों के सहारे अपने सपनों को पूरा किया जा सकता है। ये आपके सपनों को पूरा करने में आपकी हर संभव मदद करेंगे।

- चाहना, लिखना और पाने का सिद्धान्त
- चाहत वाला दिन
- जीवन की पाँच बड़ी समस्याएं
- अपने कौशल का पता लगायें
- सभी कार्यों को लिखें और प्राथमिकता जानें
- लक्ष्यों की प्लानिंग और शुरूआत
- मानसिक चित्रण का सिद्धांत
- व्यवहार में आभार की भावना
- अपने लक्ष्य को उद्देश्य के साथ जोड़ें

अध्याय ६
हाऊ टू मैनेज हेल्थ

अपने शरीर को स्वस्थ रखना हमारा कर्तव्य है, अन्यथा हम अपने दिमाग को मजबूत और स्पष्ट नहीं रख पाएंगे।

– गौतम बुद्ध

2018 की एक रिपोर्ट के अनुसार सिंगापुर दुनिया के सबसे स्वस्थ देशों की सूचि में प्रथम स्थान पर है जबकि भारत ने 103 वां स्थान प्राप्त किया है। पैसा कमाना अच्छी बात है लेकिन अपने शरीर का ध्यान रखना उससे बड़ी बात है। हम पैसे कमाने में इतने मशगुल हो जाते हैं कि हम भूल जाते हैं इस शरीर की भी कुछ जरूरत होती है जिसे हम पूरा नहीं कर पाने के कारण इसे हमें कम आयु में इस शरीर को खोना पड़ता है। एक समय जब कोई 100 वर्ष की आयु के नीचे दुनिया छोड़ जाता तो सभी अफसोस जताते कि ये कैसे हो गया, यह बहुत गलत हुआ लेकिन आज के समय में अगर कोई 50 वर्ष या उससे कम में चला जाता है तो उनके लिए यह कोई हैरत की बात नहीं रह जाती है।

हर इंसान चाहता है कि वह दुनिया में कम से कम 100 वर्ष की आयु के बाद प्राण छोड़े लेकिन कई छोटे–छोटे कारणों से वह इस अवधि को प्राप्त नहीं कर पाता है।

इस अवधि को प्राप्त किया जा सकता है बस जरूरत है कुछ नियमों को लगातार हर दिन पालन करने की।

हम क्या खाते हैं, ये हमें पता होता है किन्तु हम उसका परिणाम तुरन्त नहीं मिल पाने के कारण उसे छोड़ नहीं पाते हैं।

सन्त महात्मा अपने जीवन को भली-भाँति जीना जानते हैं। इसी कारण वे लम्बी उम्र को प्राप्त करते हैं। मेरा मानना है कि आप इन दो वजहों में उलझ कर अपने जीवन को खराब कर दिया करते हैं –

- या तो हमें पता नहीं होता कि अपने शरीर को कैसे स्वस्थ रखा जाये।
- या हम चाहते नहीं अपने शरीर को स्वस्थ रखना।

कारण चाहे जो हो, हमारे शरीर जो हमें बिना किसी मूल्य के मिला है, हमें उसकी कद्र करनी चाहिए, उसका ख्याल रखना चाहिए।

अच्छी सोच और अच्छा स्वास्थ्य जीवन के दो सबसे बड़े आशीर्वाद हैं जिन्हें हमें व्यर्थ नहीं गँवाना चाहिए।

जोश बिलिंग्स ने कहा है –

आपका स्वास्थ्य आपकी सबसे बड़ी सम्पत्ति है, इसका अहसास तब होता है जब हम इसे खो देते हैं।

अक्सर इस बात को हमने सभी से कभी न कभी सुना है और यह 100 प्रतिशत सच भी है लेकिन इसकी सत्यता भी अंत में ही पता चलती है जब हम अपने शरीर को खो देते हैं।

आज कल हम स्वास्थ्य से भी ऊपर पैसों को ज्यादा महत्व देने लगे हैं जबकि पैसा स्वस्थ शरीर ही कमाता है, फिर भी हम अपने स्वास्थ्य पर ज्यादा ध्यान देना उचित नहीं समझते। बस इसे ज्यादा से ज्यादा खराब करने पर काम करते हैं क्योंकि जिस काम को हम अच्छा नहीं कर पाते हैं, वहाँ हम बहाना बनाकर छुट जाने की कोशिश करते हैं और वही बहाना हमें आगे चलकर अनचाहे परिणाम की ओर धकेल देता है।

जैसे हम लोगों पर किये उपकार याद रखते हैं तो क्यों हम अपने खाने पर उपकार नहीं करते।

अपने समय को व्यर्थ की बातों में लगाना आसान होता है। इस वजह से बिमारियो को न्यौता मिले जाता है और वे आपकी मूल्यवान सम्पत्ति को अपना घर बना लेती है।

इन तीन महत्वपूर्ण कारणों की वजह से ही आप अपने स्वास्थ्य को अच्छा नहीं बना पाते हैं –

1. आलस से भरी सोच –

बहुत आराम है, क्यों मेहनत करना। जो है, बस वही ठीक है, नहीं चाहिए कुछ अच्छा, इतना कंट्रोल नहीं कर सकते। सभी अच्छी चीजों को वक्त लगता है, वैसे ही सभी बुरी चीजों को भी समय लगता है। समय के साथ वे आदतें बन जाती हैं। उन आदतों से ही असफलता या सफलता का जन्म होता है। हम जिन चीजों पर ज्यादा ध्यान देते हैं, वे ही चीजें हमारे पास बढ़ने लगती हैं।

जब तक मैंने कभी लेखक बनने के बारे में नहीं सोचा, मुझे तो इतना भी पता नहीं था कि मेरी किताब में किन चीजों को बताया जाये जिससे कि लोगों की जिंदगियाँ बदले, उन्हें और ज्यादा पैसा मिले और वे खुशियाँ बाँटते हुये जीवनयापन करें। मेरा मानना है कि आपको बस उस कार्य को शुरू कर देना होता है बिना किसी बहाने के, यही आलस्य को हराने में आपकी मदद कर सकता है। हमारी सोच ही सबसे बड़ा हथियार है किसी चीज पर जीत पाने के लिए।

जब–जब हम अपनी सोच को आलस से भर देते हैं तब–तब हम अपने आपको गहरी खाई की ओर धकेल देने का काम किया करते हैं।

स्वामी विवेकानंद जिन्होंने 39 वर्ष ही जीवनयापन किया किन्तु उन वर्षों को कई 100 वर्षों तक की तुलना भी नहीं कर सकते। इतना कार्य उन वर्षों में किया। हम जिस चीज को चाहते हैं, उसे हम ही बदल सकते हैं। कोई और कभी नहीं तो अभी सोच को आलस से अलग करें।

प्रतिज्ञा – मैं सभी में अच्छाई ढूँढता हूँ, मैं सुंदर एवं स्वस्थ हूँ, मैं शानदार इंसान हूँ।

2. अपना शरीर किराये का समझना –

क्या आप जानते हैं मनुष्य शरीर की वेल्यु लगाई जाये तो करोड़ों रूपये तक चली जाती है जो कि हमें फ्री में मिला है किन्तु हमारी सोच कुछ ऐसी है कि हम फ्री की मिली चीजों की कद्र नहीं करते, फिर चाहे वह शरीर हो या हमारे माता–पिता।

आपने अंतिम बार कब सोचा अपने शरीर को अच्छा बनाने के बारे मे? हम पैसा बनाने में इतने व्यस्त हो जाते हैं कि हम अपने शरीर को भूल जाते हैं और जो पैसा बनाया फिर हमें उसे अपने शरीर पर लगाना पड़ जाता है और अंत में बचता है, कर्ज, दुख और परेशानियाँ।

एक रिसर्च के अनुसार एक इंसान को 30 मिनिट का हर दिन लगातार व्यायाम के लिए निकालना चाहिए। किन्तु भाग–दौड़ की इस दुनिया में हमारे पास कहने को 3 मिनिट भी फ्री का नहीं है। जब हम शरीर के लिए इतना वक्त नहीं निकाल पाते हैं तो वही शरीर कम उम्र में हमारा साथ छोड़ दिया करता है।

सफल इंसान हर दिन अपने व्यस्त समय में से 30 से 45 मिनिट अपने शरीर को देते हैं, वे व्यायाम, घूमना, जिम जाना जैसे कार्य किया करते हैं। वे जानते हैं अच्छा शरीर अच्छे मस्तिष्क का निर्माता होता है। इस कार्य के लिए कभी किसी से तुलना ना करें।

वह कभी ऐसे कार्य नहीं करता, फिर भी फिट है... अक्सर ऐसे बहाने बना कर हम इन अच्छे कार्य को टाल दिया करते हैं जिनमें हमें आगे चलकर काफी नुकसान उठाना पड़ता है।

प्रतिज्ञा – मैं अपने शरीर की देखभाल करता हूँ, मैं स्वस्थ एवं सुंदर हूँ, मैं शानदार इंसान हूँ।

3. असन्तुष्ट खान–पान –

हमें क्या खाना चाहिए और क्या नहीं, ऐसा हमें कभी या तो समझाया नहीं गया या हम समझना नहीं चाहते, 'बस जो कर रहे हैं, वही सही है', इसी सोच पर काम करते हैं।

आज लगभग ज्यादातर इंसानों में एक ना एक बिमारी है और गलत खान–पान से वह बिमारी विकराल रूप लेकर हमारी देह को समाप्त कर देती है। जैसा अन्न हम अपने शरीर को देते हैं, वैसा ही हमारा मन हो जाया करते हैं। मेरा मानना है कि दुनिया में सबसे ज्यादा देखभाल खुद के शरीर की करनी चाहिए। क्योंकि कामयाबी की बुलंदियों को पाने के लिए अच्छा स्वास्थ्य अत्यन्त जरूरी होता है। बिना स्वास्थ्य जीवन नहीं होता बल्कि यह दुखों और परेशानियों का ढेर होता है।

अक्सर मैंने लोगों को जीवन जीते तो देखा हैं लेकिन स्वस्थ जीवन जीते बहुत कम देखा है। अपने वजन को बढ़ा लेना महानता का कार्य समझते हैं। जब वजन बढ़ जाता है तो लोगों को उसके बारे में बताना अपने गुण को दर्शाना समझते हैं और जब वह उसको एक दिन तकलीफ देना शुरू करती है तब इसे अपनी जिंदगी का सबसे बडा दोष समझते हैं। क्या यही जिंदगी है... आप इस दुनिया में अपने शरीर को, अपने मन को, अपने कर्म को बिगाड़ने के लिए आये हैं, शायद मैं तो कभी नहीं।

जब मकान का कार्य चल रहा हो तो सीमेंट को स्ट्रक्चर के अनुसार ही लगाया जाता है कम या ज्यादा लगाने देने से मकान का शेप बिगड़ जाता है। जैसा घर हम सोचते हैं वैसा हमें नहीं

मिल पाता है। उसी तरह हमारे शरीर में भी उतना ही भोजन और गुणवत्ता काम में लें, जितने की जरूरत होती है।

प्रतिज्ञा – मैं सही भोजन से अपने शरीर को चलाता हूँ, मैं स्वस्थ एवं सुंदर हूँ, मैं शानदार इंसान हूँ।

आगे के पन्नों में हम जानेंगे कैसे इन 9 नियमों की मदद से हम अपने शरीर को स्वस्थ रख अपनी आयु को बढ़ा सकते हैं –

1. कामयाब लोगों की सुबह को जानें –

दिन का एक समय गोल्डन वाला कहा जाता है और वह है प्रातः काल का समय। आप 5 बजे से 8 बजे का समय सिर्फ अपने लिये निकालें। अपने आपको सफल लोगों में जोड़ने के लिए निकालें, अपनी वेल्यु बढ़ाने के लिए निकालें। कामयाब व्यक्ति सुबह जल्दी उठ जाया करते हैं। वे उस गोल्डन समय में इन कार्यों पर ज्यादा ध्यान दिया करते हैं –

- मेडिटेशन
- व्यायाम
- एफर्मेशन
- रीडिंग
- जनरल लिखना
- दैनिक लक्ष्य

जिस तरह की सुबह होती है, उसी तरह का दिन और उसी तरह के महीने एवं साल हुआ करते हैं। हमारे दिन और किस्मत को बनाना दोनों हम पर ही निर्भर है। हम ही इन दोनों को पोषण देने का कार्य करते हैं तो जितना हो सके, इन चीजों पर कार्य करें और सफल 3 प्रतिशत लोगों के हिस्से में आ जायें।

जब हमें कोई समस्या आती है तो हम रात–दिन बस उसी में ही डूब कर रह जाते हैं तो चाहे समस्या का हल निकले या नहीं। मैं कहना यह चाहता हूँ कि हम बुरे कार्य में जब अनलिमिटेड समय

दे सकते हैं तो अच्छे कार्य में हर दिन कुछ समय क्यों नहीं निकाल सकते।

2. पसंद और पौष्टिकता दोनों चुनें –

हम समय के उस दौर में हैं जहाँ राजा-महाराजा भी इस प्रकार का जीवन कभी नहीं जी पायें, स्वस्थ भोजन, वायु, स्वतंत्रता इत्यादि लेकिन हम इनके फायदे से धीरे-धीरे वंचित होते जा रहे हैं। हम अपनी पसंद पर ज्यादा काम कर रहे हैं और पौष्टिकता को भूल रहे हैं। यह बहुत साधारण बात है जिस पर हमारा ध्यान कभी गया ही नहीं। यह बताया ही नहीं गया हमें कि पसंद की बजाए पौष्टिक चीजें हमें ज्यादा फायदा करते हैं, हमारी आयु व शरीर को प्रभावित करती हैं।

जैसे एक चिराग को जलाए रखने के लिए हमें दिए में तेल देते रहना जरूरी होता है, उसी तरह मानव शरीर को जीवित रखने के लिए पौष्टिक खाने का सहारा लिया जाता है। 21 वीं सदी के इस समय में हम हर चीज पर ध्यान देते हैं, सिवाय अपने भोजन के और वही हमें अस्वस्थ करके जिंदगी की इस दौड़ में पीछे कर देता है।

तले-भुने खाने से बचें और कोशिश करें कि वैसा खाना खाएं जो सेहत के लिए फायदेमंद हो।

3. सोने के समय को ना घटाएं –

मशीन को आप कितना भी काम लीजिए, थकान जैसा कोई शब्द उनके जीवन में नहीं होता किन्तु हम इंसान हैं। हमें कार्य के बाद आराम की जरूरत होती है। हम लगातार कार्य नहीं कर सकते। हमें बीच-बीच मे कुछ समय का आराम जरूरी होता है। अभी कुछ वर्षों से हम अपने सोने के समय में कटौती किये जा रहे हैं, फलस्वरूप हम उतना कार्य नहीं कर पाते हैं जैसा परिणाम हमें चाहिए होता है जिससे कि हमारे सोचने-समझने की शक्ति पर

फर्क पड़ने लगा और किसी चीज को याद रखना हमारे लिए मुश्किल होता जा रहा है।

एक स्वस्थ शरीर को 7 घंटे की नींद लेना जरूरी होता है किन्तु हम आजकल 4–6 घंटे की नींद ही ले पाते हैं और अधूरे से अपने आप को समझते हैं। जिस प्रकार कम खाना खाने से पेट नहीं भरता, उसी तरह कम सोने से दिमाग नहीं चलता।

अपनी नींद को भरपूर वाली बनाने के लिए सबसे पहले आपको डिजिटल गैजेट को सोने से 2 घंटे पहले दूरी बना लेनी चाहिए। हम इन चीजों के आदि हो गये, इन्हें छोड़ पाना जैसे किसी शरीर से आत्मा का निकल जाना सा हो गया है। थकावट वाले शरीर से आप ज्यादा काम नहीं करा सकते। ज्यादा ऊर्जा पाने का सबसे आसान रास्ता पर्याप्त नींद लेना है। आप दिन में भी कुछ मिनिट के नींद लेकर अपने आपको तरोताजा महसूस करा सकते हैं। जितना आप अपनी नींद की कटौती करेंगे, उतने ही ज्यादा आपके कार्य का भार बढ़ता जायेगा जिससे आपके शरीर में आलस का रोग लग जायेगा। अपने सोने के समय को निश्चित रखें, शांत वातावरण में सोयें और सबसे महत्वपूर्ण परेशानियों को भूलकर सोयें।

जो आपको चाहिए, उसे ध्यान में रखकर सोयें और कृतज्ञता का साथ ना छोड़ें।

4. पैकिंग उत्पाद को आदत ना बनाएं –

जिन्दगी में बड़ी चीजें कम, छोटी चीजें ज्यादा नुकसान करती हैं, आपके पास मर्सिडीज कार नहीं है, उससे आपको कुछ फर्क नहीं पडता है किन्तु आपके पास खाने को सही भोजन नहीं है, उससे बहुत फर्क पड़ता है। हम बड़ी चीजों की चाह में छोटी–छोटी चीजों को भूल जाते हैं जिस वजह से हमें अपना और अपने परिवार का भारी नुकसान सहन करना पड़ता है।

एक बार जब उस पैकिंग उत्पाद को हम अपने जीवन-शैली में शामिल कर लेते हैं तो हम हर दिन काम लेकर उसे आदत बना लेते हैं। आप जितना हो सके ताजे वस्तुओं को काम में लें। जो आपके लिए अमृत का काम करें, जो आपकी ऊर्जा को बढ़ाए, जो आपकी सेहत को खूबसूरत बनाए।

इन तीन चीजों का अपने खाने में कम लें –

- शकर
- मैदा
- नमक

आजकल के इंसानों की आयु कम करने में इन तीनों का सबसे महत्वपूर्ण कार्य है।

5. अपनी समस्याओं को घर से बाहर रखें –

आज हर इंसान समस्याओं से गिरा है, रिश्ते, पैसा, व्यापार, नौकरी, स्वास्थ्य, घर, बच्चे, शिक्षा इत्यादि। उन समस्याओं को अपने साथ अपने घर में पनाह देने से इनको आप बढ़ावा देते हैं न कि उनसे बच पाते हैं। आपकी समस्या सिर्फ आपकी ही होती है, किसी और की नहीं। आप न तो उनसे बच सकते हैं और न ही उनको भूल सकते हैं। बस अपने आप को उस समस्या से लड़ने के लिए मजबूत बना सकते हैं।

जब आप घर जायें तो अपनी सभी मुश्किलों, परेशानियों को घर से बाहर रखें। घर में खुशियाँ, अपनों को समय देने पर कार्य करें।

अक्सर मैं लोगों से कहता रहता हूँ कि –

आपके एक अच्छे कार्य से 1000 अच्छे परिणाम प्राप्त होते हैं, आपके एक बुरे कार्य से 10,000 बुरे परिणाम प्राप्त होते हैं। हो सकता आपको इनके कुछ ही परिणाम दिखें लेकिन छिपकर बाकी सभी परिणाम अपना कार्य कर रहे होते हैं।

जब भी परेशानी हो, उसे वहीं तक रखें। अपने घर में ना ले जायें, अपने घर में सिर्फ खुशियों और खुशहाली को बनायें क्योंकि आपके खुश रहने से ही आप सेहतमंद बन पायेंगे। जिस प्रकार किसी और के खाना खाने से आपका पेट नहीं भरा करता, उसी प्रकार किसी और की समस्याओं में डूबने से आपकी सेहत कभी सही नहीं रह सकती।

सकारात्मक के साथ अपने वातावरण को खुशनुमा रखें और जीवन स्तर को आगे ले जायें।

6. शरीर को फ्री का आइटम ना समझें –

मैं अभी कुछ समय पहले कश्मीर गया था, बहुत खूबसूरत जगह है, जिसे धरती का स्वर्ग भी कहा जाता है। वहाँ मैंने एक पानी की बोटल खरीदी जिसका मैंने उसकी मूल्य से ढाई गुना ज्यादा पैसा दिया। उस बोतल के पानी को मैंने बिल्कुल भी व्यर्थ नहीं किया। बात पैसे की नहीं है। जो मैंने ढाई गुना ज्यादा पैसा दिया क्योंकि वहाँ किसी चीजों को पहुँचाने का पर्याप्त साधन ना होने से सभी चीजों की लागत बढ़ जाती है। बात उस पानी की है जिसका मूल्य अधिक हो गया तो मैंने उसको व्यर्थ ना जाने दिया। उसी तरह शरीर का हमें कोई मासिक या वार्षिक किराया नहीं देना होता। इस वजह से हम इसकी सार संभाल में ढिलाई बरतते हैं। इसकी सुरक्षा तो करते हैं लेकिन अस्वस्थ बनाने वाले भोजन से इसको भर दिया करते हैं।

आप नियम बनाये कि सात दिन में से केवल एक दिन ही जंक फूड को हाँ कहेंगे। आप उन मित्रों का साथ कम कर देंगे जो आपको जंक फूड जैसे खाने में हर दिन ले जाया करते हैं।

धीरे–धीरे जब इस फूड से आप दूरी बनायेंगे, आप स्वयं एक दिन इसको खाना पसंद नहीं करेंगे। शादी–समारोह में भी जायें तो जो आपकी सेहत को अच्छा बनाये उसे खायें न कि उसे जो आपकी जीभ को भाये। अक्सर जीभ को भाने वाली चीजें पेट के

लिए हानिकारक हुआ करती हैं। उससे हमें बड़ी-बड़ी बिमारियों का सामना करना पड़ता है और कम उम्र में ही जीवन समाप्त हो जाता है।

अपने पैसों का आप जिस प्रकार ध्यान रखते हैं, उसी तरह अपने सेहत का भी ध्यान रखें। इसको बाहर के साथ-साथ अंदर से भी रोगमुक्त रखें।

7. लोगों से मिलें और अपने लिए वक्त निकालें –

इंसान जब रोग से ग्रसित हो जाये तो उसे दवाई देकर ठीक किया जा सकता है लेकिन क्या हो जब उसे इस प्रकार की बीमारी हो जाये जिससे कोई दवाई उसका उपचार ना कर सके।

आज के समय में लोगों को ऐसी ही बिमारियों से ग्रसित जीवन जी रहे हैं जैसे चिड़चिड़ापन, मानसिक अंशाती, शर्माना, समझा ना पाना इत्यादि। इन सभी बिमारियों को आप बिना दवा के ठीक कर सकते हैं, लोगों से मिलकर उन्हें सुनकर और अच्छी बातों को ग्रहण कर के।

आप प्रति सप्ताह 2 नये इंसानों से मिलने का नियम बनायें बस केवल उन्हें सुनें। आप ऐसी शक्ति अपने में महसूस करेंगे जैसे कि स्विच को ऑन करने पर बल्ब जलने लगता है।

अपनी जीवनशैली में कुछ बदलाव करें। अपने पड़ोसियों से बातचीत करें, ऑफिस आते-जाते समय लोगों से बात करें। अपने ऑफिस के लोगों के साथ बाहर घूमने के लिए जायें, लंच या डिनर पर उनको शामिल करें।

अपने मोबाईल के कॉन्टेक्ट में से एक नंबर को चुनें और बात करें। जैसे-तैसे हम दुनिया में आगे बढ़ रहे हैं, हम अपने पुराने परिचितों और साथियों को पीछे छोड़ते जा रहे हैं। उन्हें ना चाहकर भी तोड़ते जा रहे हैं और नये लोगों पर विश्वास नहीं कर रहे हैं जिससे अंत में हम अकेले रह जाते हैं। अकेले रहना

मानसिक बिमारियों को बढ़ावा देने का कार्य है इसलिए लोगों से मिलना–जुलना जारी रखें और अपनी खुशियों को त्योहार की तरह मनायें।

8. मेडिटेशन के साथ जीवन जीएं –

ध्यान, जिसे मेडिटेशन शब्द से ज्यादा जाना जाता है, इसका प्रचलन अभी के वर्षों में काफी ज्यादा हुआ हैं किन्तु 1500 ई.पू. वेदों में इसका जिक्र मिलता है। सभी सफल इंसान भी इसकी महिमा को मानते हैं। वे समझते हैं कि हर दिन मेडिटेशन से कितना लाभ मिलता है।

हर दिन 15 से 20 मिनिट ध्यान में समय लगाने से आपके दिमाग को काफी मदद मिलती है। दिमाग में चल रही उथल–पुथल को शांत किया जा सकता है। ध्यान से आपके शरीर में स्थिरता बढ़ती है और बिमारियों से लड़ने की क्षमता का विकास होता है।

ध्यान का समय सुबह में होने पर ज्यादा फायदेमंद होता है इसे नियमित उसी समय हर दिन होना चाहिए।

> ज्ञान ध्यान से पैदा होता है और ध्यान के
> बिना ज्ञान खो जाता है
>
> – महात्मा बुद्ध

ध्यान से ही विचारों की शुद्धि होना शुरू होता है। अगर एक लाइन में ध्यान के बारे में कहा जाये तो यह ऐसा होगा कि हर दिन ध्यान लोगों को महान बनाता है। अपने व्यस्त समय में से कुछ समय ध्यान के लिए निकालें। शांत जगह चुने, कुछ मिनिट ध्यान करें, अपने आप को ऊर्जावान बनायें।

आप **'ओम'** का जाप करके भी ध्यान का आनंद ले सकते हैं।

9. नियमित जाँच को अनावश्यक खर्च ना समझें –

स्वामी विवेकानंद 39 वर्ष की अल्प आयु में इस धरती को छोड़ गये। यह बात तो सभी को पता है किन्तु उनकी मृत्यु के समय वह 31 बिमारियों से ग्रसित थे। अगर वे समय–समय पर अपने सेहत का ध्यान रखते तो वे इससे भी ज्यादा समय हमारे साथ बिताते।

आज के समय में लगभग 60 से 70 प्रतिशत मृत्यु बिमारियों के कारण ही होती है। जिनका समय रहते हम ध्यान नहीं देते और जब वह हमारे हाथ से बाहर निकल जाती है तो हमारी आत्मा का हमारे शरीर को छोड़ देने के अलावा कोई विकल्प नहीं होता।

प्रगति के इस युग में बिमारियों को भी बढ़ावा मिला है, खान–पान के दुषित हो जाने से ये बिमारियाँ फेलती हैं और हमारी दिनचर्या को बिगाड़ देती हैं। एक वर्ष में एक बार अपने शरीर की जाँच करायें। एक डॉक्टर को अपने शरीर की सभी बिमारियों से अवगत रखें। समय पर उनसे सलाह लेते रहें अपने शरीर को स्वस्थ रखने के बारे में काम करें।

कभी–कभी नियमित जाँच को हम अनावश्यक खर्च समझ लेते हैं किन्तु आप यह नहीं जानते कि छोटी बिमारी विकराल रूप में बदल जाती है। हम बिमारियों पर लाखों खर्च करना जानते हैं लेकिन बिमारी ना हो उस पर खर्च करना बेवकूफी का काम समझते हैं।

हर समय स्वस्थ रह कर ही आप आगे बढ़ पायेंगे क्योंकि रोग आने पर आपके सभी काम रूक जायेंगे।

हमने क्या सीखा –

अपने शरीर में हजारों कोशिकाओं का समूह है। इन सभी को स्वस्थ खान–पान, स्वस्थ वातावरण और स्वस्थ मस्तिष्क से दीर्घ अवधि तक चलाया जा सकता है। रोग से ग्रसित जिंदगी दलदल

में फँसे इंसान की तरह होती है जिससे वह चाहकर भी निकल नहीं पाता और दलदल में अपना जीवन त्याग कर देता है।

इन 9 बातों को अपने जीवन में उतारकर आप अपने शरीर को, अपनी सेहत को स्वस्थ रख सकते हैं।

- कामयाब लोगों की सुबह को जानें
- पसंद और पौष्टिकता दोनों चुनें
- सोने के समय को ना घटाएं
- पेकेजिंग वस्तु को आदत ना बनाएं
- अपनी समस्याओं को घर से बाहर रखें
- शरीर को फ्री का आइटम ना समझें
- लोगों से मिलें और अपने लिए वक्त निकालें
- मेडिटेशन के साथ जीवन जीएं
- नियमित जाँच को अनावश्यक खर्च ना समझें

अध्याय 7
हाउ टू मैनेज वेल्थ

कॉलेज की पढ़ाई के बाद 5 आकड़े वाली सैलरी की मत सोचना, एक रात में कोई प्रसिडेंट नहीं बनता। इसके लिए अधिक मेहनत करनी पड़ती है।

– रतन टाटा

आज के समय में वेल्थी इंसान बनना आसान हो गया है पिछले समय को देखते हुए। पिछले कुछ वर्षों की बात करें तो लोग सिर्फ अपना घर चला सकने तक कमाया करते थे और जब जरूरत होती तो वे साहुकार से पैसा लेकर काम पूरा किया करते। अब समय बदल गया है... लोगों के पास पैसा बनने लगा है। वे कर्ज के चंगुल से कुछ बाहर निकलने लगे हैं।

हमारी नजरों में वेल्थ की परिभाषा कुछ ऐसी बनी है जिसके पास लम्बी गाड़ी, आलीशान घर और करोड़ों रूपये का कर्ज हो, उसे हम वेल्थी इंसान मानते हैं जबकि इसका अर्थ कुछ ऐसा है जिसके पास बहुत सारा केश फ्लो हो, ढेर सारी सम्पति हो और कर्ज कुछ या न के बराबर हो एवं समय की प्रतिबद्धता ना हो, उसे वेल्थी इंसान माना जाता है।

भारत शुरू से ही खुशहाल देश रहा है। कृषि, उद्योगों व कारखानों ने हर साल प्रगति करी है। भारत, जिसे पहले सोने की चिडिया कहा जाता था, मैं चाहता हूँ कि आगे फिर इसे सोने की चिड़िया का नाम दिया जाये। हर घर खुशहाल हो, लोगों को सम्मान के साथ रोजगार मिले, देश तरक्की करता रहे। लोगों को सुख–सुविधायें मिले और भारत का नाम आदर से लिया जाये।

आइए अब बढ़ते हैं इस अध्याय की ओर। इसमें आप कैसे वेल्थी इंसान बनेंगे, क्या कार्य आपको करने होंगे, किन कार्यों को आपको भुलाना होगा... इन सभी चीजों का इस अध्याय में विस्तार में बताया जायेगा।

क्या आप धनी इंसान बनना चाहते हैं। आप इस बुक को यहाँ तक पढ़ रहे हैं इससे साफ स्पष्ट होता है कि आप संसार के उन सफल लोगों की श्रेणी में आना चाहते हैं जो बेहद सफल इंसान कहे जाते हैं।

आगे आपको मैं वो सारे रहस्य बताऊँ, उससे पहले आपको मुझे कुछ देना होगा। आपने एकलव्य और गुरूद्रोण की कहानी सुनी होगी जिसमें गुरू द्रोण ने दीक्षा के रूप मे एकलव्य का अंगुठा मांग लिया था जिसे एकलव्य ने हँसते हुए दिया था। मैं आपसे आपका अंगुठा नहीं मांग रहा मुझे बस आपका वचन चाहिए।

इस खाली स्थानो को भरें और दिन में एक बार इसको बोले

मैं____________________(अपना नाम)अपने आप से वादा करता हूँ कि __________(दिनांक)तक मैं धनी इंसान बन चुका हूँ। मेरी इस__________(योग्यता) ने मुझे सफल इंसान बनाया है जिसका मैं हर दिन____________(घंटे) प्रयास करता हूँ। मुझे अपने _________(परामर्शदाता) पर गर्व है। मैं सफल और ऊँची सोच वाला इंसान बन गया हूँ।

इन लाइन को भर कर हर दिन सुबह सिर्फ एक बार इन शब्दों को बोलें, चमत्कार होना शुरू हो जायेगा। आप अगर हर दिन बोलते हैं एवं कार्य करते हैं तो मुझे पूरा यकिन है आप समय से पहले इसे पा लेंगे।

यह आप पर निर्भर है कि आप अपने लक्ष्यों से कितना प्यार करते हैं। जिस प्रकार एक गुरू केवल रास्ता बता सकता है चलना स्वयं को होता है, उसी प्रकार धनी कैसे बनें, यह पुस्तक बता सकती है किन्तु चलना स्वयं को होगा।

आज से पाँच साल के बाद आप कितने रूपये अपने खाते में देखना चाहेंगे... लिखें।

मेरे खाते में_____रूपये का बेलेंस पड़ा है जिसको मैं मेरे _____(मार्ग दर्शक)से पूछकर निवेश करता हूँ।

आगे जानेंगे कि हम किन तीन कारणों से धनी एवं सम्पन्न इंसान नहीं बन पाते हैं –

1. धनी सोच का नहीं होना –

सोच का ना होना पहला कदम है किसी चीज को न पाने के लिए क्योंकि अगर आपके पास करोड़ों रूपये हैं और आपके पास सही सोच ना हो तो आप ज्यादा समय तक नहीं रख पायेंगे।

आज हम मंगल पर पहुँच पाये हैं तो वो एक सोच से ही आसान हुआ, सबसे पहले वहाँ जाने के बारे में सोचा गया और फिर उस पर कार्य किया गया। तब सफलता मिल पाई है।

हममें पैसा बचाने की आदत तो है किन्तु पैसा बचाकर धनी नहीं बना जा सकता, पैसा बना कर अमीर बना जाता है। हम पैसा जमा करते रहते हैं और जब कोई समस्या, बिमारी या कोई सामाजिक कार्य आ जाये तो वो सारा धन उसमें चला जाता है और हम एक बार फिर पैसों के मोहताज हो जाते हैं। यह चक्र अधिकतर लोगों के जीवन में चलता है। यहाँ तक कि मेरे जीवन में भी यह चक्र चला करता था।

चलिए इससे पता लगाते हैं कि हमें क्या करना चाहिए जबकि हम क्या करते हैं –

गरीब सोच

- खूब पैसा बचाओ
- पैसे को बिल्कुल खर्च मत करो
- सफल लोगों के साथ मत रहो

- निरंतरता की कमी
- बदलाव से डरना
- आगे बढ़ने को अपना अहितकारी समझना
- जीवन में दायित्वों की भरमार रहती है।

अमीर सोच

- खूब पैसा बनाओ
- पैसे को अपनी स्किल बढ़ाने मे लगाओ
- सफल लोगों के साथ रहो
- निरंतरता के साथ कार्य करते हैं
- बदलाव को अपनाना
- जुनून के साथ आगे बढ़ना
- सम्पतियों की भरमार रहती है

इसलिए धनी बनने से पहले धनी बनने की सोच का होना जरूरी है।

प्रतिज्ञा – मेरी सोच महान लोगों जैसी है, मैं वेल्थ को आकर्षित करता हूँ, मैं शानदार इंसान हूँ।

2. रिस्क लेने से डरने की आदत –

कहा जाता है कि इंसान में एक एनर्जी काम करती है जिसे बढ़ाया और घटाया जा सकता है। अच्छे कार्य और अच्छे लोगों के साथ रहने से वह बढ़ती है और बुरे कार्य और बुरे लोगों के साथ रहने से घटती है।

क्या होता अगर जामवंत जी ने हनुमान जी की उस ऊर्जा को जगाया ना होता तो माता सीता का पता लगाना और मुश्किल कार्य हो जाता। क्या होता अगर महाभारत के युद्ध से पहले दुर्योधन ने भगवान श्री कृष्ण की सेना की बजाए भगवान श्री कृष्ण को चुना होता तो आज हमारे मुख पर अर्जुन का नहीं, दुर्योधन का नाम होता।

बहुत फर्क पड़ता है कि आपमें रिस्क लेने की क्षमता कितनी है क्योंकि बिना रिस्क के आगे बढ़ पाना मुश्किल होता है। आप भी अपने जीवन को आगे बढ़ाने के लिए इस किताब को खरीद कर पढ़ने की रिस्क ली। अगर आप इस किताब को नहीं पढ़ते तो आप जिंदगी में आगे तो बढ़ पाते किन्तु जहाँ तक पहुँचना है, वहाँ समय के बाद पहुँच पाते।

हम से गलती तो तब होती है जब हम वहाँ रिस्क ले लेते हैं जहाँ हमें लेना नहीं होता। हम अपनी गरीबी से बाहर निकलने में रिस्क नहीं लेते। हम अपनी स्किल को बढ़ाने में रिस्क नहीं लेते। अपने कर्ज के माया जाल से बाहर निकलने में रिस्क नहीं लेते। इन सबसे बाहर निकलने की बजाए हम इन्हें अपना साथी मान लेते हैं और इन्हीं में अपनी जिंदगी गुजार देते हैं।

जब तक आप अपने दिमाग में इस बात को सही ढंग से बैठा नहीं लेते कि बिना रिस्क लिये आगे नहीं बढ़ा जा सकता तब तक आपको उन्हीं परिस्थितियों के साथ लड़ना होता है जिन्हें आप अब तक वर्तमान समय में अपने साथ लेकर चल रहे होते हैं।

सफल इंसान की खासियत होती है कि उन्हें रिस्क उठाने में माहिर बनना होता है, अपनी जिम्मेदारियों को समझना होगा, लोगों को दोश देना बंद करना होगा, जीवन का हर क्षण रिस्क वाला ही है जिसे आप अगर पार कर जाते हैं, वहाँ जीत जाते हैं.. . जहाँ आप डूब जाते हैं, वहाँ आप मर जाते हैं।

जिस समस्या को हम एक बार जान लेते हैं वहाँ से हमारा डर गायब हो जाता है। इस संसार में इंसान एक मात्र ऐसा जीव है, जो जितना, वह चाहता है, उससे भी ज्यादा पा सकता है, बस उसमें समस्याओं को समझने की क्षमता हो।

अपने सभी दिन मे सभी कार्यों में कुछ नया करने की सोचें जिससे कि आपको खुशी मिले और सामने वाले की समस्या का

समाधान हो। यह बात सभी सफल इंसान अच्छी तरह जानते हैं। इसी कारण वे सबसे पहले अपने रिस्क लेने की क्षमता को बढ़ाने के बारे मे कहा करते हैं। नये लोगों से मिलें, उनके आइडिया पर बात करें, समझें कि किस समस्या ने लोगों को प्रभावित कर रखा है।

प्रतिज्ञा – मैं रिस्क लेकर आगे बढ़ता हूँ, मैं वेल्थ को आकर्षित करता हूँ, मैं शानदार इंसान हूँ।

3. अपनी वेल्थ को मैनेज नहीं कर पाना –

वेल्थ मैनेजमेंट, इसे समस्या भी कहा जा सकता है, जो लोगों को या तो कभी समझ नहीं आई या वो कभी समझ ही नहीं पाये। क्या आप भी डरते हैं इस शब्द को अपने जीवन मे उतारने से जबकि यही शब्द आपको जीवन में प्रगति दिलाता है।

आज भी हमारे घरों में पढ़ाई की बात की जाती है, शादी–विवाह की बात की जाती है, लेकिन पैसों को केसे मैंनेज करना है, इस बारे में कभी कुछ नहीं समझाया जाता। मेरा मानना है कि हर दिन आप सभी परिवार वाले बैठ कर 15 मिनिट तक अपनी वेल्थ को बढ़ाने में बात करें, बीते कल को भूल जाना और आज को बेहतर बनाना यही जिंदगी है।

जिस प्रकार एक गमले में ज्यादा पानी डाल देने पर वह पानी निकल जाता है, उसी प्रकार एक इंसान के पास ज्यादा पैसा आ जाये तो वह उसे खो देता है। उस धन को वह अपने पास बनाकर रखे इसलिए वेल्थ मैनेजमेंट की आवश्यकता होती है।

आज संसार का 95 प्रतिशत पैसा टॉप 5 प्रतिशत लोगों के पास होने का सबसे बड़ा कारण यही है कि उन्होंने अपने धन को मैनेज करना सीखा और उसमें निरंतर बदलाव भी करते हैं। हमें अपने पैसे को काम पर लगाना आना चाहिए कि आप सोते रहें फिर भी आपकी कमाई होती रहे। 80 प्रतिशत लोग सिर्फ अपने आज के दिन के बारे में बात करते हैं, बस उन्हें आज कमाई हो

जाये कल की उन्हें कोई चिन्ता नहीं है जबकि 20 प्रतिशत लोग आज के साथ–साथ कल की फिक्र करके कार्य करते हैं और ज्यादा पैसों के मालिक बनते हैं।

कुछ फर्क पड़ता है कि आप अमीर हैं या नहीं, आप खुश हैं या नहीं, आपका जीवन सही है या नहीं। बहुत फर्क इस बात से पड़ता है कि क्या आप इन सब पर कार्य कर रहे हैं या नहीं। अक्सर इंसान इन चीजों पर कार्य करने के बजाए लोगों को गलत ठहराने, लोगों को दोष देने और अपने आप को सही ठहराने जैसे कार्यों में उलझकर रह जाता है। आगे बढ़ने जैसी उसकी सोच ही नहीं होती। यह दुनिया आप जैसा चश्मा लगाकर देखते हैं, वैसी ही आपको दिखती है। अगर आप दुखी होकर लोगों को देखेंगे तो आपको सभी दुखी मिलेंगे और प्यार और सम्मान का चश्मा लगाकर देखेंगे तो खुशियाँ मिलेंगी।

प्रतिज्ञा – मैं अपनी वेल्थ से खुश हूँ, मैं वेल्थ को आकर्षित करता हूँ, मैं शानदार इंसान हूँ।

कैसे आप धनवान इंसान बन सकते हैं, कैसे आप अपने जीवन को 9 वंडर्स वाला बना सकते है आइए जानते है इन 9 सफल आदतों को, जो हमें कही सिखायी या बताई नहीं जाती।

1. सुख के साथ सम्पत्ति बनाना –

जब आप छोटे थे तो स्कुल में यह सिखाया जाता था कि पढ़ो और आगे बढ़ो लेकिन यह नहीं समझाया जाता कि जिंदगी मे आगे बढ़ तो सभी जाते हैं किन्तु खुश नहीं रह पाते। कैसे आगे बढ़ा जाए और खुश रहा जाए, यह हम पूरे जीवन में कहीं नहीं सीख पाते हैं। आज मैं आपको एक नियम बताता हूं जो आपको काफी मदद करेगा और जिससे आपकी सम्पत्ति भी बनेगी और खुशियाँ भी मिलेंगी क्योंकि अक्सर इंसान सम्पत्ति की चाह में खुशियों की कुर्बानी दे देता है जिससे दुख और विपित्तियों में उसका जीवन गुजर जाता है।

इस नियम को आप इन छोटे–छोटे नियमों के जरिए समझ सकते हैं –

- कमाई का 25 प्रतिशत हिस्सा बचायें
- उस 25 प्रतिशत को प्रतिमाह बचाते रहें
- कोई एक सम्पत्ति जो कम में मिले, उसका पता करें
- उन बचत को सम्पत्ति को खरीदने में लगाएं
- एक वर्ष एक सम्पत्ति का नियम अपनायें

फर्क नहीं पड़ता कि आपके पास लाखों या करोड़ों की बचत नहीं होती है एक वर्ष में किन्तु जो धन आपने एकत्र किया है उससे ही आप एक सम्पत्ति खरीद सकते हैं। इस अध्याय में आगे दर्शाया गया है कि आप किस सम्पत्ति को खरीद सकते हैं या सम्पत्ति में क्या–क्या आयेगी।

बस आप 'एक वर्ष एक सम्पत्ति' के नियम को नहीं भूलें चाहे आपकी कमाई कम हो या ज्यादा, आपकी सोच यही होनी चाहिए कि मुझे इस वर्ष एक नयी सम्पत्ति बनानी है।

अधिकतर इंसान अपना मकान भी नहीं खरीद पाते हैं जीवन भर पैसा कमाकर वे इस सोच को कभी अपने दिमाग में नहीं जाने देते हैं इस कारण वे गरीबी से निकलकर वापस गरीबी में दम तोड़ देते हैं। जबकि मैं यह चाहता हूं कि आपने कितनी ही गरीबी देखी हो लेकिन आपके अन्तिम क्षण खुशी की प्रचुरता के साथ गुजरे ना कि दुखों और दरिद्रता के साथ।

2. निवेश का जादू –

पौधों को पेड़ बनने में सूर्य का, पानी का, हवा का, इत्यादि का अहम रोल होता है, इन सभी में से किसी एक की भी कमी उसे आगे बढ़ने में रोक देती है, उसी प्रकार एक इंसान की वेल्थ भी रूक जाती है। अगर वह इन पांच में से एक को भी छोड़ने की कोशिश करता है –

- पैसों को कमाना
- पैसों को बचाना
- इनवेस्ट करना
- इनवेस्टमेट को मैनेज रखना
- सही सोच का होना

इन पांच के मिलने पर वेल्थ निर्माण का जादु शुरू होता है जिसे सभी सफल इंसानों में अपने जीवन में लागू कर रखा है। इसका फायदे उन्हें जीवन पर्यंत तक मिलता रहता है। इन सभी में से एक का हिलना उस वेल्थ निर्माण की नींव को ढहा सकता है। इनवेस्टींग के माध्यम से आप आसानी से और कम समय में ज्यादा पैसा बना सकते हैं।

इसके लिए मैं आपको एक बुक 'द रिचेस्ट मैन इन बेबीलोन' पढ़ने की सलाह दूंगा जिसको पढ़ने के बाद शायद आप वह नहीं रहेंगे जो आप पढ़ने से पहले थे। इस बुक ने लाखों लोगों की जिंदगियाँ बदली हैं।

जिस प्रकार जिम पर निवेश करते हैं अपनी बॉडी को फिट रखने के लिए जिससे कि शरीर को ज्यादा समय तक स्वस्थ रखा जा सके, उसी तरह धन को निवेश करना जरूरी है जो आप को अमीरी जल्द दिला सके और आप अपने वेल्थ के इस सफर को शान्तिपूर्ण तरीके के साथ आगे बढ़ा सकें।

3. दीर्घकालीन निवेश की मजबूत जड़ें –

मकान की नींव जितनी मजबूत हुआ करती है, उतनी ही मजबूती उस मकान में हुआ करती है। उसी प्रकार अपने निवेश को जितने लम्बे समय तक रखते हैं, उतना ही ज्यादा फायदा मिलता है। इस जीवन के अगले पल में क्या होगा, यह आप नहीं जानते। बस आपका कार्य अभी के पल को द बेस्ट बनाना होता है और जैसे–जैसे आप अपने पलों को द बेस्ट बनाते हैं आपके आगे आने वाले समय और बेहतर बनते जाते हैं। और वह निवेश

अपनी गहरी जड़े बना लेता है। गहरी जड़े किसी की भी हो मकान, पेड़ या निवेश उन्हें नुकसान पहुँचा पाना आसान नहीं होता।

इस उदाहरण से आप दीर्घ अवधि निवेश को अच्छी तरह समझ पायेंगे। राकेश झुनझुनवाला, जिन्हें भारत का वारेन बफेट भी कहा जाता है, ने 1985 मे महज 5 हजार रूपये के निवेश कर अपने करियर की शुरूआत की थी। आज 2022 तक उनकी नेटवर्थ 46 हजार करोड़ तक पहुँच गई है। 37 साल के समय में उनके निवेश की जड़ों को गहरा और मजबूत बना दिया।

आज भले ही वे इस दुनिया में नहीं है किन्तु निवेशक नए हो या पुराने, सभी उनके नियमो को अपनाते हैं।

कम्पाउडिंग भी अपना रूप सिर्फ दीर्घकाल में ही दिखाती है, जिसे दुनिया का आठवां अजूबा भी कहा जाता है। अपने निवेश को लम्बे समय के लिए निवेश करना उसी तरह है, जिस तरह किसी फल के पेड़ की रक्षा करते हुए उसका पालन–पोशण करना।

जिस प्रकार पहाड़ों से निकली हुई पानी की बूंदे नदी के सहारे एक समय के बाद समुद्र में मिल जाती है और समुद्र को बढ़ाती है। उसी तरह आपका किया गया छोटा–छोटा निवेश लम्बे समय में आपकी नेटवर्थ को बढ़ाता है।

निवेश जब भी करें कुछ दिन या महिनों की बजाए सालों के लिए करें। जो आपको अद्‌भुत रिटर्न देने की कोशिश करें। आप जहाँ भी निवेश करें उसे अच्छी तरह जानते हो। अक्सर हम कभी–कभी ऐसी जगह अपने धन को लगा देते हैं, ज्यादा रिटर्न पाने के इच्छा में कि वह मूलधन भी हमारे पास कभी नहीं आ पाता। सोच–समझकर और विशेशज्ञ की राय लेकर निवेश करें। जितना जल्दी हो सके, अपने निवेश की शुरूआत करें।

4. सम्पन्नता का ज्ञान –

इस दुनिया में जो इंसान जन्म लेता है, उन सभी में किसी न किसी तरह का ज्ञान जरूर होता है, वह किसी न किसी एक चीज मे माहिर जरूर होता है। किन्तु वह फिर भी सम्पन्नता के करीब नहीं पहुँच पाते हैं, फिर कारण चाहे कुछ भी हो, बस ना पहुँच पाने में एक चीज बड़ा अहम रोल निभाती है और वह है अपनी सोच में सम्पन्नता का ज्ञान न होना।

बंजर जमीन में भी गुलाब उग जाता है किन्तु वहाँ उसकी उतनी कीमत नहीं होती, जितनी किसी बगीचे में होती है। उसी तरह भले ही आप में ज्ञान की कमी नहीं है किन्तु आपने सम्पन्नता को प्राप्त नहीं किया है तो वह ज्ञान निरर्थक है, भले ही आप हर महीने लाखों कमाते हों क्योंकि एक दिन वह सारा धन आपको छोड़कर चला जाता है। सम्पन्नता का ज्ञान मिलता है अच्छी किताबें पढने से, कोर्स से, मेंटर रखने से, सेमिनारों से और सफल लोगों के साथ रहने से।

जिंदगी की राह में बहुत सारे गढ्ढे आते हैं जिनको आप न भी भरें तो भी आपके जीवन से वे कुछ समय बाद भुला दिये जाते हैं। तो आपका कर्तव्य सिर्फ यही बनता है कि आप उचित जानकारियों के साथ जीवन के इस सफर में चलते रहें बजाए तकलीफों के आने पर रूक जाने के।

अपने ज्ञान को निरंतर बढ़ाते रहें, अपनी ग्रोथ में निरंतर वृद्धि करें क्योंकि आगे बढ़ने के लिए हमारे पास सही सोच का होना जरूरी है। सही सोच अपने पढ़ने के क्रम को जारी रखने पर ही आती है। दिन में कम से कम एक घंटे पढ़ने की आदत विकसित करें। हो सके तो इस एक घंटे को दिन के प्रारम्भ के समय में रखें जिससे कि आपका दिन पढ़ी हुई चीजों पर कार्य कर सके और आपके जीवन में नई ऊँचाईयों को हासिल करा सकें।

5. पाँच सफल इंसानों का साथ –

एक ज्ञानी पंडित मेले में अपने परिवार के साथ जाता है। मेले में घूमते समय गलती से अपने बेटे का हाथ छूट जाता है और वह पंडित आगे चला आता है। जब उसे पता लगता है तब तक बहुत देर हो चुकी होती है और भीड़ काफी होने के कारण वह बच्चा नहीं मिल पाता है। बच्चे की गिनती मुर्खों में की जाती थी। उधर वह बच्चा मेले में अकेला रो रहा होता है, तभी सामने से पाँच दोस्त मेले में घूम रहे थे, उनकी नजर उस बच्चे पर पड़ती है, वे बच्चे के पास जाकर उसे गोद में लेते हैं, उसे चुप करते हैं फिर उससे अपने माता-पिता की जानकारी लेते किंतु वह मुर्ख कुछ बोलता ही नहीं है। काफी जोर आजमाईश के बाद हारकर उस बच्चे को अपने साथ ले जाते हैं जहाँ वे सभी साथ रहते हैं।

वे पाँचों इंसान काफी समझदार और मेहनती थे। जब उन्हें पता चला कि यह मुर्ख है वे पाँचो उसे हर दिन कुछ समय निकालकर पढ़ाते और समझाते थे, समय बीतता गया और वह बच्चा भी अब बड़ा हो गया।

एक दिन एक पंडित कथा करने उस गांव में आता है क्योंकि बच्चा पूरा बदल गया था। अब उसकी गिनती विवेकी पुरूषों में की जाती थी तो वह बच्चा भी उस कथा में जाता है। जब वह उस पंडित को देखता है तो भागकर अपने सिर को पंडित के चरणों में रख देता है। वह पंडित नहीं समझ पाता है कि यह इंसान कौन है जो रो रहा है और पैरों में गिरा पड़ा है। जब वह बच्चा कहता है पिताजी मै हूं तब उसे आश्चर्य होता है कि यह तो मेरा पुत्र है लेकिन उस पंडित को यकिन नहीं होता कि यह इतना कैसे बदल गया, जिसकी गिनती मुर्खों में आती थी वह इतना कैसे बदल गया। फिर वह सारा वृतान्त उन्हें बताता है कि उन पाँच सफल इंसानों ने उसकी जिंदगी को पूरी तरह बदल कर रख दिया।

फर्क पड़ता है कि आप किन इंसानों के साथ रहते हैं। मूर्ख इंसान भी बदल जाया करते हैं सफल इंसानो के साथ रहने से। अपने आपको सफल इंसानों की संगत में रखें और कुछ नया सीखते रहें–

खुद को बदलने का सबसे तेज तरीका उन लोगों के साथ घूमना है जो पहले से ही वैसे हैं जैसे आप बनना चाहते हैं।

– रीड हॉफमेन

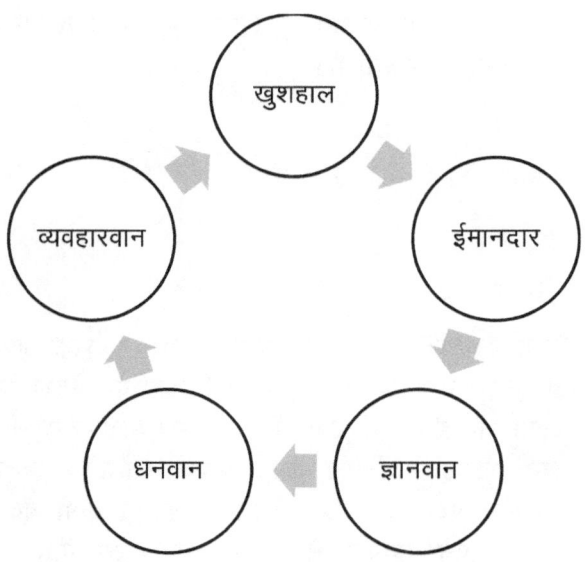

जिस इंसान में इन पाँचों में से एक गुण भी नहीं है, उसे अपने पाँच सफल इंसानो की गिनती में मत रखिए। वह इंसान आपको आगे नहीं बढ़ा पायेगा।

समय–समय पर अपने पाँचों इंसान को बदलते रहें। जिससे आपको सीखने को कम मिलता है, उसे बदलते रहें –

आप किन पाँच इंसानों का नाम लिखना पसंद करेंगे, अभी लिखें –

वे अपने क्षेत्र में माहिर होने चाहिए फिर वह आपके गली–मोहल्ले से हों या कहीं दूर विदेश में हों। बस आप उनसे सीख सकें, यह महत्वपूर्ण है।

6. बी एस आर माइंडसेट –

अक्सर मैं जब लोगों से मिलता हूं तो उनसे सबसे पहले यही पूछता हूं कि आप क्या करते हैं, उनका जवाब कुछ एक या दो शब्द का ही होता है। जब उनसे पूछता हूं और क्या करते है तो उनका जवाब होता है कुछ भी नहीं। तब मैं उन्हें बी एस आर माइंडसेट के बारे में बताता हूं और यह तकनीक उनके नये जीवन का शुभारम्भ करती है।

बी एस आर –

बी– बिजनेस

एस– स्टॉक

आर– रियल स्टेट

आप किसी एक या सभी में उपलब्धियाँ हासिल करके अपने आप को धनी इंसान बना सकते हैं। अपने दिमाग को बदलें चाहे यह पहले जैसा भी हो। अब उसे बी एस आर माइंडसेट में बदलें। अपने धन को इनमें निवेश करें। आपकी सोच के बदलने से आपका जीवन बदलता है और कामयाब इंसान कभी बदलाव से नहीं डरता अपने व्यापार में, जीवन में, रिश्ते–नातों में और कामयाबी प्राप्त करने में।

7. अपनी आय को बढ़ायें –

जीवन में आपने सिर्फ पैसों को बचाने पर ध्यान दिया, काफी हद तक अच्छा भी है लेकिन अब समय का वह दौर आ गया है जहाँ हमें बचाने से ज्यादा कमाने पर ज्यादा ध्यान देना होगा।

अपनी आय को बढ़ाने के लिए 40, 30, 30 नियमों को अपनाना होगा। आय का 40 प्रतिशत अपनी जरूरतों पर, 30 प्रतिशत हिस्सा अपने कर्ज चुकाने व अपने ज्ञान पर और 30 प्रतिशत हिस्सा अपने निवेश पर।

वेल्थ बनाने में रिटर्न की भुमिका मायने रखती है, चाहे आपके पैसों की बचाने की हो या पैसों को बढ़ाने की। कई बार हम ज्यादा रिटर्न पाने की होड़ में अपने मूलधन को भी खो बैठते हैं।

अपने बचत के पैसों से एक साल में एक अतिरिक्त आय का स्त्रोत बनायें। जब हम कमाने की सोचते हैं तो हमारे दिमाग में खूब सारे विचारों का जन्म होता है लेकिन जब तक हम उन पर कार्य नहीं करते, वे हमारे जीवन को 9 वंडर्स नहीं भरते।

अपनी आय के स्त्रोत को बढ़ाने पर कार्य करें।

''परिवर्तन का रहस्य यह है कि आप अपनी सारी ऊर्जा पुराने से लड़ने पर नहीं बल्कि नए के निर्माण पर केद्रित करें।''

– सुकरात

अपनी आय को बढ़ाने का सबसे तेज तरीका यह भी है कि आप इन तीन चीजों पर कार्य करें –

- अपने उत्पाद/सर्विस को लोगों से बेहतर जानें
- अपने ग्राहक को जानने की कोशिश करें
- सफल होने की तीव्र इच्छा के साथ कार्य करें

असाधारण परिणाम प्राप्त करने के लिए असाधारण कार्य करने की आवश्यकता नहीं होती है।

8. सफल लोगों की तरह अभिनय करना –

अक्सर हमारे पास जब पैसा होता है तब भी हम गरीबों की तरह रहना पसंद करते हैं। मैं यह नहीं कह रहा हूं कि जब आप

धनवान होवें तो पब में जाकर ड्रिंक करें या कसिनो में जाकर जुआ खेलें। लेकिन अपने आप को गरीब दर्शाना बंद करें। लोगों की सहानुभुति लेकर जीवन ना जीएं।

सफल लोगों की तरह सोचना सीखें, वे जिस तरह से बात करते हैं, उनका तरीका देखें, वे किस तरह अपने कर्मचारियों को संभालते हैं सीखें, अपने धन को कहाँ और किस प्रकार निवेश करते हैं, समझें। वे अपने पैसों को कैसे खर्च करते हैं, वे किस प्रकार लोगों की मदद करते हैं, उसे अपने जीवन में लागू करने की कोशिश करें।

यदि आप वही करते हैं जो आप हमेशा से करते हैं तो आपको वही मिलेगा जो आपको हमेशा से मिलता आया है।

मूल्यवान धातुओं की परख जोहरी से ज्यादा किसी को नहीं पता होती है। अगर आप भी परख करना जानना चाहते हैं तो आपको जोहरी के साथ रहना होगा क्योंकि अपनी गलतियों से सीखकर आगे बढ़ने के लिए यह दुनिया बहुत छोटी है।

आप जिस क्षेत्र में आगे बढ़ना चाहते हैं उस क्षेत्र के कामयाब लोगों ने जो गलती करी है, बस वह गलती आप ना करें। उनसे सीखें और आप भी कामयाब इंसान बन जायेंगे।

9. लोगों को सफल होने में मदद करें –

इस किताब को छोटा रखना मेरे लिए सबसे महत्वपूर्ण था क्योंकि मैं आपको कम समय में ज्यादा जानकारी देकर सफल इंसान बनते हुए देखना चाहता हूं। आज हम जो ऑक्सीजन ले रहे हैं, वह पेड़ शायद हमने नहीं लगाया लेकिन किसी न किसी इंसान ने तो लगया ही है। तभी हम आज जीवित हैं। तात्पर्य यह है कि इंसान को आगे बढ़ने के लिए पहले उसके आस–पास लोगों को सफल बनाना चाहिए, उनकी मदद करनी चाहिए क्योंकि सफल बनना आसान है हर कोई सफल बन सकता है लेकिन जब सफल बन जाने के बाद कभी अधिक समस्या आती है तो जिन

लोगों की आपने मदद की होती है, वही लोग आपको गिरने से बचाते हैं।

एक महीने में एक ऐसे इंसान की मदद करें जिसको मदद की आवश्यकता है। आप हर दिन छप्पन भोग खाने वाले इंसान को भोजन का दान देने की बजाए उसको दान दें जिसको एक समय का भोजन भी नसीब मे नहीं होता।

जब हम किसी को सफल होने में मदद करते हैं, तभी यह दुनिया हमें सफल बनाती है क्योंकि जो हम इस दुनिया को देते हैं, वही हमें यह फिर से लौटाती है।

इन 9 पहलुओं से आप वेल्थ बनाने से लेकर बनाये रखने तक के सफर को पूरा कर सकते हैं।

हमने क्या सीखा –

अगर आप धनी इंसान नहीं हैं तो बन सकते हैं अपनी सोच को बदलकर, अपने आप से तुलना करके क्योंकि जीवन समस्याओं का दूसरा नाम है। अगर आप समस्याओं में हर दिन गोता लगायेंगे तो आपको हर दिन समस्याएं ही प्राप्त होंगी और आप अवसर में डुबकी लगायेंगे तो आपको खूब सारे अवसरों की प्राप्ति होगी। जिंदगी वह है जिस नजर से देखेंगे वह वैसी बन जायेगी। अब यह आप पर निर्भर करता है कि आप समस्या की नजर से देखते हैं या अवसर की नजर से।

इन जीवन मुल्यों को अपनाने से आपको वेल्थी इंसान बनने में सहायता मिलेगी –

- सुख के साथ सम्पत्ति बनाना
- निवेश का जादू
- दीर्घकालीन निवेश की मजबूत जड़ें
- सम्पन्नता का ज्ञान
- पाँच सफल इंसानों का साथ

- बी एस आर माइंडसेट
- अपनी आय को बढ़ाएं
- सफल लोगों की तरह अभिनय करना
- लोगों को सफल होने में मदद करना

अध्याय ८
हाऊ टू मैनेज रिलेशनशिप

काँच और रिश्ता दोनों ही बड़े नाजुक होते हैं, दोनों में सिर्फ एक ही फर्क है
काँच गलती से टूट जाता है और रिश्ता गलतफहमियों से।
– अखिलेश सोमानी

किसी रिश्ते को बनाना और बिगाड़ना हमारे हाथ में होता है। हमारी मर्जी से ही वह रिश्ता बनता और मिटता है लेकिन इसमें कुछ अजीब तब होता है जब कुछ अच्छा होता है तो उसका श्रेय अपने आपको देते हैं और कुछ बुरा होने पर सामने वाले को श्रेय दिया जाता है। अक्सर ऐसा होता देखा भी गया है जिससे सामने वाले का आपके प्रति जो स्वभाव था, अब वह बदलने लगता है और वह रिश्ता कमजोर होकर टूट जाता है।

आप स्वयं को खुश रखकर जिंदगी तो जी सकते हैं लेकिन वह खुशियाँ कब खत्म हो जायेंगी ये आपको नहीं पता जबकि आप लोगों की खुशी के बारे में सोचेंगे तो आपका जीवन खुशियों से भर उठेगा।

क्योंकि आपका समय कभी एक जैसा नहीं रहता इसलिए ऐसे रिश्तों को बनायें कि वह हर समय आपके काम आये। पैसा बनाने से पहले रिश्ता बनाना जरूरी होता है।

पैसा बनाने के लिए आपके पास अच्छे रिश्ते बनाने की कला का होना जरूरी है। जिंदगी का कोई भी रिश्ता हो, आपको निभाने की कला का आना जरूरी है क्योंकि ऐसे कई इंसानों को मैंने देखा है जिनके पास पैसा तो बहुत है लेकिन जब सम्बंधो की

बात आती है तो उनके पास अपना कहने के लिए कोई नहीं होता है।

क्यों

इंसान में कार्य करने की शक्ति, फीलिंगों को समझने की शक्ति, भावनाओं को जानने की शक्ति, ये सभी प्रकृति द्वारा निर्मित होती हैं। इन सभी का जुड़ाव इंसान को ऐसी शक्ति प्रदान करता है जिससे कि वह अन्य इंसान के साथ मिलकर कार्य कर सके क्योंकि आगे बढ़ने के लिए किसी इंसान के पास खूब सारे रिश्ते होने चाहिए। अगर आपकी खुशियों को कोई बाँटनेवाला नहीं है तो वे खुशियाँ किसी काम की नहीं है।

ईश्वर ने रिश्तों को इसलिये बनाया कि आप अच्छे समय को तो निकाल ही लेंगे लेकिन जब आपके पास बुरा वक्त दस्तक दे तो आपको वह ज्यादा प्रभावित न कर सके।

साथ अच्छा हो तो कोई भी रास्ता लंबा नहीं होता
– तुर्की कहावत

जरूरी नहीं कि आप इस दुनिया की हर समस्या का समाधान कर सकें। ईश्वर रिश्तो को इस लिए बनाता है ताकि जिस समस्या का समाधान आपके पास न हो, उसे आपका कोई रिश्ता समाधान कर सके।

लेखक ने इन तीन मिथ को महत्वपूर्ण माना है, किसी सम्बंधों में तकलीफ आने के –

1. सम्बंधो को समय न देना –

एक समय हुआ करता था जब हमारे पास समय की कोई कमी नहीं थी अपने घर परिवार को समय देते, हमारे रिश्तेदारों को समय देते, अपने दोस्तों को समय देते लेकिन आज उनको समय तो देते हैं लेकिन अपना बचा हुआ। सही मायने में कहा जाये तो

हमारे पास उनको देने के लिये कोई समय ही नहीं होता। बस औपचारिकता के साथ हम रिश्तों को निभा रहे हैं।

आज सामान्य व्यक्ति अपने व्यवसाय और नौकरी में 10 घंटे लगाता है, सोने के लिए 6 से 8 घंटे का समय, आने जाने में 1 से 2 घंटे, मुश्किल से कुछ 5 या 6 घंटे बचते हैं जिसमें भी वह कामों के उलझन में फँस कर रह जाता है।

समय बेशकिमती है, इसे व्यर्थ के कामों से हटाकर उन कामों मे लगाईये जिनको करना महत्वपूर्ण है।

प्रतिज्ञा – मैं मेरे रिश्तों से बहुत खुश हूँ, संसार का सबसे अच्छा परिवार मुझे मिला है, मैं शानदार इंसान हूँ।

2. छोटी-छोटी बातों को दिल पर लेना –

आज कल इंसानों में सबसे बड़ी कमी यही है कि वह सहनशील नहीं रहा। कोई उसे कुछ थोड़ा गलत बोल दे, वह अपने आपको सँभाल नहीं पाता। सब यही चाहते हैं कि कोई उन्हें बुरा-भला ना कहे, कोई उनके बारे में गलत ना सोचे, सभी उनका सम्मान करें। वह हर समय लोगों को महत्वपूर्ण लगे। यह सब सोचने तक आसान है किन्तु वास्तविक जीवन में ऐसा नहीं होता।

जब वह अपने बारे में किसी से कुछ गलत सुन लेता है तो वह बोलने वाले को अपना दुश्मन मान लेता है और अपनी प्रगति को अपने ही हाथों से बर्बाद कर देता है।

क्योंकि इस दुनिया में भगवान को भी लोग गलत साबित कर देते हैं, आप तो फिर भी एक इंसान हैं। सबसे अच्छा केवल मात्र यही है कि कोई अगर आपको कुछ बोले तो शांत रहकर सुने, उसे जवाब ना दें क्योकि सबको जवाब देने से न केवल आप अपना रिश्ता खराब करेंगे बल्कि अपने जीवन को भी खराब कर बैठेंगे।

प्रतिज्ञा – मैं महत्वपूर्ण बातों को सोच-समझकर फैसला लेता हूं, संसार का सबसे अच्छा परिवार मुझे मिला है, मैं शानदार इंसान हूं।

3. अपने उपकार गिनाना –

आज आप किसी को पूछ लें कि आपने कितने अच्छे कार्य किये तो हो सकता है वह सुबह से शाम तक भी कम रह जाये लेकिन जब उससे ये पुछा जाये कि आप पर किसी ने कोई उपकार किया है तो वह कुछ भी बता नहीं पायेगा या 'नहीं' बोल देगा।

आप अपने उपकार गिना कर हो सकता उस इंसान के सामने थोडी देर बडा इंसान बन जायें लेकिन आपके जाने के बाद वही इंसान आपकी बुराई भी कर देगा। इसलिए जितना हो सके लोगों को श्रेय दें कि आपकी वजह से अच्छा हुआ और इसके विपरित कुछ बुरा हो तो उसका श्रेय अपने आप को दें। क्योंकि उसे सुधारने की शक्ति सिर्फ आप में है किसी और में नहीं।

आज अगर 9 वंडर्स बनी है तो इसका श्रेय मैं अगर सिर्फ अपने आप को ही दूँ तो यह कहाँ तक चलेगी। जबकि मेरे माता-पिता ने अगर संस्कार ना दिये होते तो मैं कैसे लिख पाता, अगर मेरी पत्नी ने साथ ना दिया होता तो मैं लेखक नहीं बन पाता, मेरे भाई ने मेरी मदद न की होती तो यह बुक आप तक नहीं पहुँच पाती और अगर आपने यह पढ़ी ना होती तो यह कैसे आप की मदद कर पाती। हो सकता है कि इसमें किसी का योगदान कम रहा हो या किसी का ज्यादा पर बिना योगदान के तो यह बुक इतनी प्रसिद्ध ना हो पाती।

मेरे कहने का तात्पर्य बस इतना है कि अपने उपकार को कभी ना गिनायें और गिनायें भी तो लोगों को श्रेय देकर, अपने नाम से नहीं। अगर आप चाहते हैं लोग आपको दोषी की नजर से ना देखें तो अपने उपकार लोगों को जताना आज ही बंद कर दें और

ऐसा रिश्ता लोगों से जोड़ें कि सभी आपको मृत्युपरांत भी याद रखें।

प्रतिज्ञा – मैं अपने रिश्तों की मदद से आगे बढ़ रहा हूं, संसार का सबसे अच्छा परिवार मुझे मिला है, मैं शानदार इंसान हूं।

इन 9 नियमों को अपनाकर आप अपने सभी रिश्तों को आगे बढ़ा सकते हैं और खुशियों के साथ जीवन भर पैसा कमा सकते हैं।

1. सम्मान देकर बात करें –

आप सब्जी लेने के लिए मार्केट जाते हैं, कई सब्जीवाले मिलते हैं फिर भी आप बस उसी सब्जीवाले से खरीदते हैं जो आपका सम्मान करता है, यह नियम हर परिस्थिति में लागू होता है।

आज के समय में आपके रिश्तों की कड़िया सिर्फ इस वजह से टूटी जा रही है क्योंकि हममें सम्मान पाने की इच्छा तो है लेकिन सम्मान देने की नहीं।

आप को आर्थिक सुख भी तब मिलना शुरू होता है जब आपमें सम्मान करने की आदत का गुण होता है, आप सिर्फ सम्मान करके ही अपने आध्यत्मिक, भौतिक, आर्थिक और स्वास्थ्य सम्बंधी समस्याओं को सुलझा सकते हैं बल्कि अपने रिश्तों को भी और मजबूत बना सकते हैं।

आज इंसानों को जितनी समस्याएं मिल रही हैं, उनमें यह समस्या प्रमुखता से पाई गई है क्योंकि हम फिलिंग और इमोशन से जुड़े हैं, हम सोच सकते हैं, आगे बढ़ सकते हैं। हमारी समस्याएं कभी हमसे बड़ी नहीं होती लेकिन हम हमारी समस्याओं को इतना बड़ा बना लेते हैं कि हमारी समस्या से बड़ी समस्या इस दुनिया में नहीं होती है।

सम्मान करने का गुण हनुमान जी से भी सीखा जा सकता है जो कितनी भी बड़ी समस्याओं के होने पर भी सम्मान करना कभी ना

भुलते। जब युद्ध में लक्ष्मण जी चोटिल हो गए थे तब लंका जाकर ससम्मान वैद्य ऋशि को लेकर आना, यह भी एक कला है सम्मान देने की। इस दुनिया में आप जितना सीखते हैं उतने ही आगे बढ़ते हैं।

अपनी सोच में यह बात बैठा लीजिए कि सम्मान करने से आप जीवन को एक छोर से दूसरे छोर तक ले जा सकते हैं।

आज हर कोई व्यक्तित्व का विकास करना चाहता है जिससे कि लोग उसे जाने–समझें और वो खुद पर गर्व करे। सम्मान करने की आदत यह सब आपको दिला सकती है।

आज से एक नियम यह बना लें आप किसी को बदनाम नहीं करेंगे। अपनी सोच को सकारात्मक रख कर सोचेंगे और समस्या को हल करेंगे। किसी को बदनाम करना आसान है लेकिन उससे समस्या कुछ समय के लिए तो हल हो सकती है किन्तु यह हमारे लिए और भी समस्या को बढ़ा सकती है।

2. बहस करने से बचें –

मैंने अक्सर लोगों को बहस में जीतते देखा है। वे अपना सम्पूर्ण प्रयास करते हैं उस बहस को जीतने के लिए और वे लगभग जीत भी जाते हैं किन्तु वे उस इंसान को खो देते हैं जिससे वे बहस करते हैं।

बहस और इंसान दोनों में से एक को चुनने का मौका आये तो आप इंसान को चुनें, बहस को नहीं। बहस को जीतकर अपना नुकसान करने से अच्छा है बहस ना करके उस इंसान का दिल जीतना। आप जिन बातों को अपनी सोच में बैठा लेते हैं, वे ही बातें हर दिन आपका जीवन चलाती हैं। जैसे आप अब से बहस करना पसंद नहीं करते हैं तो भविष्य मे इसके होने के बहुत कम प्रतिशत अवसर होते हैं।

एक बार स्वामी विवेकानंद अमेरिका के एक विश्वविद्यालय में व्याख्यान दे रहे थे- विषय था भारतीय संस्कृति तथा अध्यात्म का रहस्य। उनका व्याख्यान चल रहा था। तभी एक अमेरिकी व्यक्ति ने दखल देते हुए बीच मे उठकर बोला, वास्तव में आपकी संस्कृति महान है तभी तो आपके यहाँ देवी लक्ष्मी का वाहन उल्लू बताया गया है, जिसे दिन में दिखाई भी नहीं देता।

स्वामी जी चाहते तो उस इंसान से बहस कर सकते थे किन्तु उन्होंने बहस करने के बजाय अत्यंत सहजता पूर्वक बोले, लक्ष्मी रूपी धन के असीमित मात्रा में पास आते ही मनुष्य आँखे होते हुए भी उल्लू की तरह अंधा हो जाता है। इसी का संकेत देने के लिए लक्ष्मी का वाहन उल्लू बताया गया है। वह इंसान शर्म से नतमस्तक होकर बैठ गया।

आप कभी बदला लेकर किसी का दिल नहीं जीत सकते। बदले की भावना से सिर्फ युद्ध हुआ करता है। आज अगर आपके रिश्ते कमजोर हो रहे हैं, आप खुशियाँ कम महसूस कर रहे हैं या आप लोगों को अपनी सोच में नहीं ढाल पा रहे हैं तो मैं सोचता हूं कि कहीं ना कहीं आप इस आदत के शिकार बन रहे हैं।

बहस की आदत से न ही आप नौकरी के नये अवसर प्राप्त कर पायेंगे, न ही ग्राहकों को अपनी ओर आकर्षित कर पायेंगे और न ही अपने सोच को सही रख पायेंगे। बहस करने की आदत से आपका मान-सम्मान भी घटने लग जाता है। हो सकता है आप एक बार कुछ गलत ना बोलें किन्तु बहस करने की आदत होने पर आप एक दिन कुछ गलत जरूर बोल देते हैं जिसे आप जिंदगी मे कभी बदल नहीं पाते है।

अपने परिवार में या व्यापार में या व्यवहार में बहस की कोई जगह ना हो, यही नियम आपको हर समय तरक्की दिलायेगा, आगे बढ़ायेगा।

महान व्यक्ति कभी आपको तर्क-कुतर्क पर वाद-विवाद करते नहीं मिलेंगे। अपने रिश्तों में बातचीत को प्राथमिकता दें जिससे कि रिश्तों में किसी समस्या का समाधान हो सके और आप अपनी जीवन शैली को और बेहतर एवं मजबूत बना सकें। अच्छी सोच का परिणाम इतना धीरे आता है कि उसे देखा भी नहीं जा सकता लेकिन बुरी सोच का परिणाम इतना तेजी से आता है कि उसे अनदेखा नहीं किया जा सकता।

जहाँ भी लगे कि आपको आपके मन के माफिक परिणाम नहीं मिल रहा तो उस समस्या का समाधान ढूँढे न कि बहस करने में व्यस्त हो जायें क्योंकि बहस से समस्या कभी हल नहीं होती।

3. लोगों की अच्छाई को ना भूलें –

आप क्या चाहते हैं? अपने सम्बन्धों में खुशियाँ! क्या आपको लगता है आप किसी की बुराई करके उसे अपनी ओर ला सकते हैं... कभी नहीं। आप उसकी नजरों में गिर जायेंगे लेकिन वह आपको कभी पसंद नहीं करेगा जबकि आप अगर उसकी एक अच्छाई को ढूँढ कर उसकी तारीफ करें तो हो सकता है वह इंसान आपको जिंदगी भर याद रखे।

गौतम बुद्ध ने कहा है जिस शरीर के साथ हम पैदा हुए हैं, उसके जिम्मेदार हम नहीं हैं परंतु जिस चरित्र और रिश्तों के साथ हम विदा होंगे, उसके पूरे जिम्मेदार हम स्वयं होंगे।

एक रिसर्च के अनुसार 18 से 33 वर्ष के लोग सबसे अधिक समस्या में रहते हैं और इसका सबसे बडा कारण है कि वे लोगों में अच्छाई की जगह बुराई देखना पसंद करते हैं। जबकि आपकी सोच होनी चाहिए उनकी अच्छाई को अपने में उतारना क्योंकि इस दुनिया में जिसने जन्म लिया है, उस हर इंसान मे एक ना एक बुराई तो मिल ही जायेगी लेकिन आपका कर्तव्य होना चाहिए उसकी बुराई अपने में ना हो।

फर्क नहीं पड़ता कि वह इंसान आपसे छोटा है या बड़ा, गरीब है या अमीर, समझदार है या नासमझ... बस आप उसकी अच्छाई को अपने में उतारें। अपनी सोच को बदलें और अपना विकास करें।

जब आप लोगों की अच्छाई को याद करते हैं तब लोग आपको याद करते हैं, दोष देने वाले को लोग पसंद नहीं करते हैं। फैसला आपको करना होता है कि आप लोगों की नजरों से उतरना चाहते हैं या लोगों की नजरों में ऊँचा उठना चाहते हैं।

अब आपने फैसला कर लिया है कि आप ऊँचा उठना चाहते हैं तो जहाँ भी जायें, जिस इंसान से मिलें उसकी अच्छाई की तारीफ करें और उस अच्छाई को अपने में ग्रहण करें।

आप जिस व्यक्ति से अपना रिश्ता बनाते हैं चाहे वह पति-पत्नी, बच्चे, माता-पिता, भाई-बहन, रिश्तेदार, कोई दोस्त या कोई भी रिश्ता अगर आप सामने वाले इंसान से जुड़ते हैं, उस दिन से उसकी सकारात्मकता के बारे में सोचना। कभी बुरा मत सोचना उस इंसान के बारे में।

4. अपने रिश्तों को समय दें –

आप मोबाईल को अपना समय मत दीजिए, आप खाना मत खाईये या आप नींद मत लीजिए। जब आप इन सभी काम को अपनी जिंदगी में अनमोल समझते हैं तो अपने रिश्तों को क्यों मूल्यवान नहीं मानते हैं क्योकि जब आप इन्हें अपना समय नहीं भी देते हैं फिर भी ये आपके साथ चलते रहते हैं।

मैंने कहा चलते रहते हैं लेकिन खुशियों के साथ समय देने से ही चीजों में पूर्णता आती है। पूर्णता लोगों को मोटिवेट करती है और मोटिवेशन से इंसान आगे बढ़ता है।

अपने समय का आकलन करें क्योंकि आप इन्हीं रिश्तों की बदौलत पैसा कमा पाते हैं, खुश रह पाते हैं और लोगों की मदद कर पाते हैं।

कोई चीज जो आज आपको मिली नहीं है, उनका सबसे बड़ा कारण है कि आपने उन चीजों को अपना समय नहीं दिया। समय नहीं देने के कारण पति–पत्नी के रिश्ते हो या माता पिता से रिश्ते, सभी रिश्तों को आप समयाभाव कमजोर बना रहे हैं।

समय कम देने से आप उनकी समस्या को समय पर हल नहीं कर पाते हैं जिससे उनको और समस्याएं पैदा हो जाती हैं। और जब सभी समस्याएं एक साथ मिलकर उस इंसान पर आती हैं तो उसके पास उन रिश्तों को तोड़ना ही उचित लगता है जबकि रिश्ते हो या घर बनाने वाले, उनकी अहमियत उनको ज्यादा पता होती है। कई वर्ष बीत जाते हैं किसी रिश्तों को बनाने में लेकिन तोड़ने में सिर्फ कुछ क्षण।

जब आप अपना नया घर बनाते हैं, हर एक चीज में अपना समय देते हैं कि आपका मंदिर ऐसा होना चाहिए, आपका किचन ऐसा होना चाहिए, आपका बेडरूम ऐसा होना चाहिए। जब वह बनकर तैयार हो जाता है तब आप उस चीज को सभी को बताते हैं कि वह आपकी सोच से तेयार हुआ, आपने इसमे 2 साल लगाया और इसको परफेक्ट बनाया।

तो अब सोचिये कि अपने रिश्ते को आप कितना समय देकर परफेक्ट बनायेंगे। क्योंकि सभी को आपका समय चाहिए होता है और आप उन चीजों में अपना समय लगा देते हैं जो आपके पास नहीं है और जो आपके पास है उनको आप अपना समय नहीं देते हैं।

भाप के इंजन का आविष्कार लगभग 1698 में हुआ, क्या होता अगर भाप के इंजन को समय ना दिया जाता? तो आज हमारे पास बिजली से चलने वाले इंजन ना होते। जो हमें कई घंटो के सफर को कुछ समय मे पूरा करा रहे हैं।

हर दिन कम से कम 1 घंटे का समय अपने परिवार के लिए जरूर दें। इस समय में आप मोबाईल का उपयोग न करें, टी.वी

न देखें और कोई अन्य कार्य न करें जिससे कि आप का ध्यान परिवार पर से न भटके।

5. इन 5 प्रश्नों को याद रखें –

आपका बुरा समय कब आयेगा या आप कब तक खुशियों को अपने पास रोके रख सकते हैं, यह निर्भर करता है कि आप में रिश्तों को बनाये रखने की काबिलियत कितनी है क्योंकि जिन चीजों के आप काबिल होते हैं, वही चीजें आपको मिलती हैं।

इन पाँच प्रश्नों के उत्तर आप को किसी भी रिश्ते को और मजबूत कराने में मदद करेंगे –

• पहला – क्या आप वाकई उस इंसान से रिश्ता जोड़ना चाहते है? इस प्रश्न का उत्तर आपको उस रिश्ते को अपने दिमाग में सोचकर जवाब देना है जिसे आप जोड़ना चाहते हैं।

• दूसरा – जिस इंसान से आप रिश्ता जोड़ना चाहते हैं, उससे गलती हो जाने पर उसे माफ कर देंगे? यदि आप को लगता है कि उसे गलती हो जाने पर आप माफ नहीं करेंगे तो उस इंसान से आप किसी भी प्रकार का रिश्ता ना रखें।

• तीसरा – जिस इंसान से आप रिश्ता जोड़ना चाहते हैं, क्या आप उस पर विश्वास अपने अंतिम समय तक कर सकते हैं? यदि इसका जवाब हाँ है तो आप रिश्ता जोड़ें।

• चौथा – जिस इंसान से आप रिश्ता जोड़ना चाहते हैं, क्या आप उस इंसान की विपरीत परिस्थितियों में भी मदद करने के लिए तैयार होंगे? अगर आपका जवाब ना है तो उस इंसान से रिश्ता ना जोड़ें।

• पाँचवा – क्या आप अपने साथ–साथ उस इंसान को भी आगे बढ़ाने की सोच रखेंगे और प्रयास करेंगे? इसका जवाब भी अगर हाँ आता है तो उस इंसान से आपको रिश्ता जोड़ लेना चाहिए।

छोटी-छोटी बातों पर नहीं, हमेशा महत्वपूर्ण बातों पर ध्यान दें।

औरों के रिश्तों सम्बंधों के बारे में बातें करना आसान और मजेदार होता है। वास्तविक जीवन के तनाव को ध्यान में रखते हुए अपने रिश्तों को आगे बढ़ाना बिल्कुल ही अलग बात है।

आप इन पाँच प्रश्नों को अपने उन रिश्तों पर लगाकर देख सकते हैं जिन पर आपको लगता है कि वे रिश्ते या तो कमजोर है या नये बनाने के लिए है।

6. सुनने और समझने की क्षमता पैदा करें –

कभी-कभी लोग इसलिए सोचना नहीं चाहते क्योंकि वे अपने भ्रम को टूटने नहीं देना चाहते। वे यह समझते हैं कि जैसी वह सोच रखते हैं, उसी सोच से ही दुनिया चल सकती है अन्य लोग की सोच महत्वपूर्ण नहीं होती।

सुनना और समझना हमें सुई और धागे से सीखना चाहिए। सुई हर बार उस धागे को अपने से निकाल लेती है लेकिन जिस धागे में गाँठ आ जाये, वहीं रूक जाती है। हमें भी हर बात को अपने दिमाग में ना रखकर निकाल देना चाहिए और गलत बात आ जाये तो जेसे गाँठ को सुई अपने से पार नहीं होने देती, ऐसे ही गलत बात को आप नहीं सुनें, वहाँ से हट जायें।

किसी रिश्ते का कमजोर हो जाना उस इंसान को कमजोर बनाता है और सुनने-समझने की क्षमता ना होने से।

आज कल रिश्ते की कमजोरी सी हो गई है। आज के इस समय में सुनना कोई नहीं चाहता फिर चाहे उसने गलती करी हो या नहीं करी हो।

सुनना कोई चाहता नहीं, समझने की शक्ति उनमें होती नहीं और अन्ततः अपना ही नुकसान कर बैठते हैं। कोई भी इंसान ऐसे ही ऊपर नहीं बढ़ जाता।

लोग अगर आपको बुरा भला भी कहें तो सुन लें क्योंकि उनके कहने पर ही आप और ज्यादा परिणाम लाकर देंगे। आप अपना परिणाम दिखाकर सामने वाले को समझा सकते हैं, सुनाकर नहीं।

आज जो भी बोलें, सोच-समझकर बोलें, क्योंकि जो आप सोचते हैं, वही आप बोलते हैं तो अपनी सोच को सकारात्मक रखें और फैसले करें क्योंकि जब आपको कहा जाये कि खून का रंग लाल होता है तो आपकी सोच में लाल कलर ही आयेगा, हरा कलर या नीला कलर नहीं।

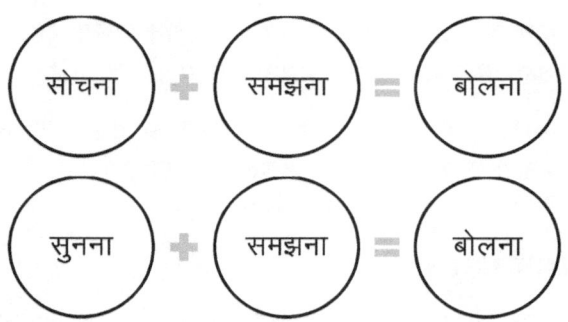

जिस व्यक्ति के पास सुनने और समझने की क्षमता ना हो, उसे कभी आगे बढ़ने की नहीं सोचना चाहिए।

7. 3 दिन का समय लें –

सबसे अच्छा रिश्ता भी टूट जाता है तुरन्त गलत निर्णय लेने की वजह से। हम किसी रिश्ते को तोड़ना नहीं चाहते लेकिन हम जल्दबाजी के कारण कभी-कभी गलत निर्णय ले बैठते हैं जो हमें काफी नुकसान पहुँचा देता है।

आपकी किस्मत आपके हाथ में नहीं होती है लेकिन निर्णय आपके हाथ में होते हैं। किस्मत आपका निर्णय नहीं बदल सकती है पर आपका लिया गया निर्णय आपकी किस्मत को बदल सकता है।

कई-कई बार सही निर्णय भी बहुत बार गलत साबित हो जाता है अगर वह जल्दबाजी में लिया गया हो।

जब भी आपको लगे कि आप कहीं परेशानी में हैं, निर्णय नहीं ले पा रहे हैं तो उसमें 3 दिन का समय लें, उस पर सोच-विचार करें और जरूरत पड़े तो लिखकर सोचें और तभी निर्णय लें जिससे कि उनके गलत होने की संभावना भी कम हो जाती है और परिणाम भी हमें मनचाहा प्राप्त हो सकता है।

जीवन में फैसले सोच-समझकर लें और बार-बार उनके फैसलों को बदलने की ना सोचें, बस उस रास्ते को बदलकर अपनी मंजिल पायें।

मंजिल कुछ हद तक मायने रखती है लेकिन रास्ता बहुत ज्यादा मायने रखता है मंजिल तक पहुँचने के लिए।

जिंदगी में सिर्फ बुरा ही नहीं होता, अच्छा भी बहुत बार होता है लेकिन हमारी सोच में जो हम रखते हैं, वही हमें प्राप्त होता है। अच्छी चीजों को बनने में समय लगता है।

8. धैर्यवान खरा सोना –

धैर्यवान और सोना दोनों को हर बार तपना होता है लेकिन तपने के बाद दोनों एक नये रूप में होते हैं, पिछले से बेहतर होते हैं। क्योंकि जब आप समस्याओं से घिरे होते हैं तो धैर्यवान होने का एकमात्र गुण ही है जो आपको उन समस्याओं में लिप्त होने से बचाता है और आपको उन समस्याओं से बाहर निकालता है।

लेकिन इस 21 वीं सदी में लोगों में धैर्यता का गुण कम होता जा रहा और अपनी सोच को छोटा बना रहा है।

प्रसिद्ध दार्शनिक सुकरात के घर पर लोगों का ताता लगा रहता था। उनकी पत्नी थोड़ी कर्कश स्वभाव वाली थी। वह घर आने वालों पर चिल्लाती रहती थी और रूखा व्यवहार करती थी। वह सोचती थी कि निठल्ले लोग बेकार ही उसके घर अड्डा जमाए रहते हैं।

एक दिन सुकरात लोगों के साथ बैठे बात कर रहे थे कि उनकी पत्नी ने उनके ऊपर छत से गंदा पानी फेंक दिया और निठल्ला कह कर गालियाँ देने लगीं। वहाँ बैठे लोगों को यह अपना अपमान लगा। सुकरात को भी बुरा लगा परन्तु उन्होंने बहुत धैर्य के साथ वहाँ बैठे लोगों से कहा— आपने कभी सुना होगा कि जो गरजते हैं, वह कभी बरसते नहीं। आज तो मेरी पत्नी ने गरजने के साथ—साथ बरस कर कहावत को ही गलत साबित कर दिया। वहाँ पर बैठे सभी लोग का क्रोध एकदम से शांत हो गया। सुकरात का धैर्य देखकर उनकी पत्नी चकित रह गई। उस दिन से उसने अपने व्यवहार को बदल दिया और वहाँ आने वाले लोगों का आदर सत्कार करने लगी।

जो भी परिस्थिति आप के साथ रही है, उसमें कुछ अच्छा देखने की कोशिश करें, उससे सीखें और शान्त रहकर उत्तर देना सीखें। कोई भी आभूषण जो आप देख रहे हैं बिना आग से तपे वे अपना पूर्ण रूप नहीं दे पाते। उसी तरह जितने भी सफल इंसान हैं उनमें धैर्यता का गुण पाया जाता है। वे छोटी—छोटी चीजों पर भड़क कर अपना व्यवहार अपनी सोच अपने जीवन को बर्बाद नहीं करते बल्कि उनको समझकर आगे की ओर बढ़ जाते हैं।

धैर्यवान इंसान सब कुछ हासिल कर सकता है। बस अपने आप पर भरोसा रखिए, हिम्मत मत हारिए और कठिन से कठिन परिस्थिति में भी धैर्यता बनाए रखिए।

9. अच्छाईयों को प्रोत्साहित करें –

आपके जीवन का हर दिन अच्छा नहीं हो सकता किन्तु हर दिन में कुछ अच्छा जरूर होता है। आप उस अच्छे पर ध्यान करिए न कि उस दिन जो आपके साथ बुरा हुआ है, उसे।

80 प्रतिशत इंसान जो अपने साथ बुरा हुआ है, उसे याद कर करके अपनी बची हुई जिंदगी को भी खराब कर देते हैं। यदि

आप सकारात्मक सोच के साथ सोचते हैं तो सबसे खराब समय भी आपके लिए सबसे अच्छा समय हो सकता है।

आपके जीवन की खुशियाँ आपके साथ-साथ दूसरे लोगों पर भी निर्भर करती है। अगर आप लोगों को खुश रखते हैं तो आप कभी अपने आप दुखी महसुस नहीं करेंगे। क्योंकि जिन लोगों के बारे में आपने सोचा है गलत समय पर वही लोग आपकी मदद करते हैं।

इंसान सभी से आशा रखता है कि उसकी अच्छाईयों को प्रोत्साहन मिले, कोई उसे आकर कहे कि तुमने वह कार्य बहुत अच्छी तरह से किया किन्तु जब उसे इस प्रकार के शब्द सुनने को नहीं मिलते तो वह अपने आपको कमजोर समझने लगता है और उसके कार्य करने की गति रूकने सी लगती है और वह अपने दिमाग में बैठा लेता है कि वह एक कमजोर इंसान है, वह कभी आगे नहीं बढ़ सकता।

> असली शिक्षा अपने अंदर की
> सबसे अच्छी बातों को बाहर निकालना है
> मनुष्यता से बढ़कर कोई अच्छी बात नहीं
> – महात्मा गांधी

तो अपने जनरल में लिखें कि हर दिन जिस भी इंसान से आप मिलते हैं उसकी अच्छाई को नंजरअंदाज ना करें। उस इंसान को प्रात्साहित करें उस अच्छाई के लिए।

लोगों की अच्छाईयों को अपने जर्नल में लिखें। अच्छाईयों के बारे में बात करें।

हमने क्या सीखा –

अपने रिश्तों को जोड़ने पर ध्यान दें क्योंकि अगर आप ध्यान नहीं देंगे तो कोई और भी आपकी मदद नहीं करेगा। जिस क्षेत्र पर से हम अपना ध्यान हटाते हैं, वहाँ समस्याएं आना शुरू हो जाती हैं।

पैसों के साथ-साथ अपने सम्बन्धों पर भी समय निवेश करें। रिश्तों की उलझनें अगर समय-समय पर दूर करते रहेंगे तो आप कभी बड़ी उलझन में नहीं पड़ेंगे। अपने रिश्तों का साथ निभायें बिना किसी चाहत की भावना के। जब कभी अपने रिश्तों में मिठास की कमी पायें तो इन नियमों के सहारे मिठास लायें।

- सम्मान देकर बात करें
- बहस करने से बचें
- लोगों की अच्छाई को ना भूलें
- अपने रिश्तों को समय दें
- 5 प्रश्नों को याद रखें
- सुनने और समझने की क्षमता पैदा करें
- 3 दिन का समय
- धैर्यवान खरा सोना
- अच्छाईयों को प्रोत्साहित करें

अध्याय ९
हाऊ टू मैनेज लाईफ

अगर मैं समाज को कुछ वापस नहीं दे सकता, तो यह अच्छा जीवन नहीं है जो मैं जी रहा हूं।

– सोनू सूद

क्या आप शाही जीवन की इच्छा रखते हैं? क्या आप अपने जीवन से परेशानियों को दूर करना चाहते हैं? अगर आपके हाथ में जादू की छड़ी दे दी जाए तो आप किन तीन समस्याओं को पूरा करेंगे। मैं चाहता हूं कि आप उन तीनों समस्याओं को यहाँ लिखें –

- ....
- ....
- ....

आपकी समस्याओं का हल किसी और के हाथ में नहीं होता है। वह सिर्फ अपने ही हाथ में होता है क्योंकि हर इंसान की अलग समस्या होती है और उसका हल भी अलग होता है लेकिन आपकी समस्याओं को यह किताब हल करने में आपकी मदद करेंगी।

जेहि के जेहि पर सत्य सने हू,
सो तेहि मिला हि न कछु संदे हू।।

ये रामचरित मानस की एक चोपाई है। इसके अनुसार अगर कोई सच्चे मन से किसी चीज को चाहे तो वो उसे मिल जाती है।

आइए इसको इस चित्र के माध्यम से समझते हैं –

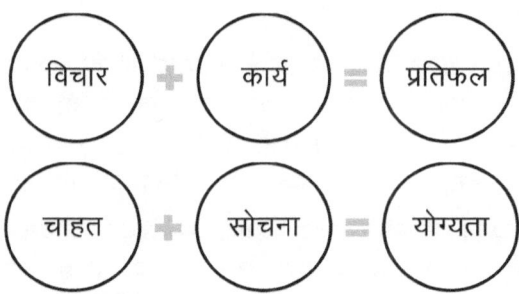

सच्चे दिल से कुछ चाहते हैं, उसके विचारों में डूब जाते हैं, उसी के बारे में दिन भर सोचते हैं, उन्हीं विचारों के अनुसार कार्य होने लगते हैं। जब विचार और कार्य दोनों समान हो जाते हैं इंसान उस चीज के योग्य बन जाता है। योग्यता के बाद वह उस चीज को पा लेता है।

अक्सर हम चाहते कुछ और हैं, विचार किसी और चीज के लिए करते हैं, कार्य कुछ और करते हैं फिर जो हमें मिलता है, हम उसी के योग्य होते हैं।

क्यों

यह जीवन विचारों के आधार पर सफर करता है जैसे विचार हमने पाले होते हैं वैसे ही फल हम पाते हैं। इन तीनों गलतियों से जीवन बर्बादी के कगार पर पहुँच जाता है और हमें कभी पता भी नहीं चलता। इन तीनों गलतियों को दूर करें अपने जीवन से –

1. नकारात्मक सोच और सकारात्मक जिंदगी –

आप घर से अपने परिवार के साथ कहीं घूमने को निकल रहे हैं। जैसे ही आप सफर शुरू करते हैं आपके साथ कुछ अपशकुन हो जाये तो आप रूक जाते हैं। आप आगे बढ़ना उचित नहीं समझते। इसका अर्थ यह है कि नकारात्मक विचार आने पर हमें उस कार्य को टाल देना चाहिए तो क्यों हम जिंदगी में हर समय नकारात्मक बातों पर ध्यान देते हैं, नकारात्मक विचारों से जिंदगी जीने की कोशिश करते हैं। आप किसी का बुरा सोच कर अपना अच्छा नहीं कर सकते। क्यों हम हर

बार खुद को सही दूसरो को गलत ठहराते हैं? क्यों हम अपनी तुलना अपने आप की बजाए दूसरो से करते हैं?

गलत सोच रखकर आप न सिर्फ आपका बल्कि आपके परिवार का भी बुरा सोचते हैं। जिस प्रकार की सुबह होती है, पूरा दिन भी वैसा ही व्यतीत होता है। उसी तरह जब हम नकारात्मक सोच रखते हैं तो हमारा दिन भी नकारात्मक चीजों से भर जाता है।

कामयाब व्यक्ति कभी गलत विचार से अपने जीवन को नहीं भरता। वह उन विचारों को भुला कर कार्य करता है। म्युजियम में आपको अस्त्र-शस्त्र देखने के लिए मिल जायेंगे, सैनिकों के कपड़े मिल जायेंगे, उनकी मुद्राएं और प्राचीन काल से जुड़ी कलाकृतियाँ मिल जायेंगी लेकिन आपको वहाँ कंकाल कभी देखने को नहीं मिलेगा। अर्थ स्पष्ट है कि इस दुनिया में सिर्फ अच्छी चीजों और विचारों को ही आगे भेजा जाता है और बुरी चीजों को भुला दिया जाता है किन्तु आज के इस युग में उल्टा चलता है। यहाँ बुरी बातों को हर दिन सुबह से शाम तक याद किया जाता है और अच्छी चीजों/कार्यों को भुला दिया जाता है।

अच्छा इंसान अगर अपनी अच्छाई करना बंद कर दे तो वह बुरा इंसान कहलाता है। फिर आप बुरे विचारों से भरे रहकर कैसे अच्छा इंसान कहला सकते हैं।

मैं अक्सर लोगों को यह बात कहता हूं कि जिंदगी एक बार ही मिलती है दूसरो की खराब करना मत और अपनी होने देना मत।

अपने पुराने विचारों से बाहर निकलें और देखें जैसा आप सोचते हैं उससे कहीं ज्यादा अच्छी है यह दुनिया।

प्रतिज्ञा – अच्छी चीजें मेरी ओर आकर्षित हो रही हैं, मैं जीवन के हर क्षेत्र में सफल हो रहा हूं, मैं शानदार इंसान हूं।

2. कार्य की बजाए समस्या में दिन बिताना –

सभी को इस दुनिया में एक दिन में 24 घंटे का समय मिलता है। सफल इंसानों का कार्य करने में व्यतीत होता है और असफल

इंसान का कार्य समस्या के बारे में सोचने में व्यतित होता है और परिणाम भी दोनों को अलग-अलग प्राप्त होता है। सोचने का पैसा नहीं लगता अन्यथा व्यक्ति उस कार्य को करके सोचने का कार्य करता।

समय की इस तेज गति में हम कभी मालूम ही नहीं कर पाते कि हमने कितना समय खो दिया जबकि उस समय में उपलब्धि हमें कुछ ही मिली। माना कि हर अच्छी चीज को पाने में समय लगता है किन्तु हम अगर कार्य करने की बजाए सोचने में समय व्यतीत कर देते हैं तो नुकसान सिर्फ आपका या हमारा ही नहीं अपितु पूरे देश और संसार का होता है।

इस उदाहरण से आप अच्छी तरह समझ पायेंगे –

मान लीजिए आप डॉक्टर बन गये जो आपका लक्ष्य भी था। आप हजारों मरीजों को एक साल में उनकी बिमारी से निजात दिला पाते है जिससे उनका परिवार खुशहाल हो गया होता है। परिवार के खुश रहने से ही तो देश में खुशहाली का माहौल होता है।

तो मैं चाहूँगा आप परेशानियों के चक्रव्युह में न दम तोड़ें, आप कार्य करके अमर बनें। अपने क्षेत्र में महारत हासिल करके महान बनें कि लोग आपको इस दुनिया को छोड़ देने के बाद भी याद करते रहें, यही 9 वंडर्स है।

प्रतिज्ञा – मेरी समस्याएं निरंतर कम हो रही हैं, मैं जीवन के सभी क्षेत्रों में सफल हूं, मैं शानदार इंसान हूं।

3. गलत आदतों की सहनशीलता –

आज हम 21 वीं सदी के उस युग में हैं जहाँ हमारे पास किसी चीज की कोई कमी नहीं है... रहने को घर, खाने को खाना, पीने को पानी, गाड़ी, व्यवसाय, नौकरी, इत्यादि लेकिन हमारी आदतें हर पल कुछ यूँ बदल रही हैं कि हमें किसी इंसान या व्यक्ति से तभी प्रेम है जब वह हमारे कुछ काम का है, अगर नहीं है तो हम उससे दूर हैं।

हम गलत आदतों को सहनशीलता के जरिये अपने आप को बदल रहे हैं। लोगों में गलतफहमियों को ढूँढकर उन्हें बदनाम करने, सफल इंसान की कमियों को ढिंढोरा पीटकर, अच्छाईयों को बुराईयों में परिवर्तित करके खुश होना, यह सभी कुछ समय के लिए आपको जरूर खुश कर सकती है लेकिन जीवन भर के लिए आपको सही आदतों को ही चुनना होगा अन्यथा जीवन के हर मोड़ पर दुख आपका इंतजार करता हुआ मिलेगा।

आप आगे बढ़ें यह सिर्फ आपके चाहने से ही सफल होगा किसी और के चाहने से कभी नहीं, कोई और कभी नहीं चाहेगा कि आप आगे बढ़ें, कामयाबी हासिल करें।

रामायण में एक किस्सा जटायु का भी आता है जिसने रावण को काफी रोकने की कोशिश की माता सीता को ले जाने से। अपने प्राणों का बलिदान दे दिया लेकिन अंतिम समय भगवान राम के हाथों मे प्राण त्यागे। आदतों से ही परिणाम मिला करता है। आदर देकर ही आदर मिलता है, क्रोध करके कभी सम्मान नहीं मिला करता। अपनी गलत आदतों को सही आदतों से बदलें और अपने जीवन में खुशियाँ पायें।

प्रतिज्ञा – अच्छी आदतों के द्वारा मैं अपने जीवन को सफल बना रहा हूं, मैं जीवन के हर क्षेत्र में सफल हूं, मैं शानदार इंसान हूं।

9 ऐसे नियम जिन्हें अपनाने के बाद आपकी जीवन की लगभग 80 प्रतिशत समस्याएं खत्म हो जायेंगी। क्या है ये नियम और किस प्रकार इन्हें अपने जीवन में लागू किये जाएं, आइए समझते हैं –

1. अपनी समस्या को समझें –

एक गांव में दो दोस्त रहा करते थे, राघव और माधव। दोनों जन्म से ही साथ रहते थे। स्कुल साथ में पुरा किया और नौकरी पर भी एक साथ जाया करते। लेकिन दोनों के जीवन मे अंतर था। राघव के जीवन में ज्यादा परेशानियाँ थी किन्तु फिर भी वह

खुश रहता था। एक दिन माधव ने उसे पूछ लिया कि दोस्त तुम्हारे जीवन में इतनी परेशानियाँ हैं, फिर भी तुम इतने खुश कैसे रहते हो। राघव ने मुस्कुराते हुए कहा– एक रहस्य से। माधव ने पूछा– क्या रहस्य है? राघव ने जवाब मे कहा– अभी नहीं कभी और। जब भी मेरे ऊपर दुखों का पहाड़ टूटता है तो मैं बस अपने आपसे यही कहता हूं कि मुझे अभी नहीं रूकना है, कभी और रूक जाऊँगा, मैं अपने काम को करता रहता हूं क्योंकि मुझे पता है मेरी समस्याएं कुछ पल या कुछ समय के लिए आई हैं लेकिन मैंने अपने लक्ष्यों पर कार्य करना बंद कर दिया तो मैं कभी सफलता प्राप्त नहीं कर पाउँगा। इसलिए मैं उन परेशानियों को समझकर आगे बढ़ चलता हूं।

यह कहानी हमें यह सिखाती है कि ना ही सुख और ना ही दुख लम्बे समय तक रहते हैं। ये बदलते रहते हैं दिन रात की तरह। आपका कार्य यह है कि अपने लक्ष्यों पर केद्रित रहें, उन पर कार्य करते रहें और सफलता प्राप्त करें। जो हो चुका है, उसमें डूब जाने से कभी सफलता नहीं मिलती वरन् अपने कार्य को पूरा करने से सफलता मिलती है। अपनी समस्या को समझें और उसको हल करके आगे बढ़ें, रूके नहीं।

2. मनोरंजन की अजब–गजब दुनिया –

हम जिस दुनिया में रहते हैं, वहाँ मनोरंजन का बिल्कुल भी अभाव नहीं लेकिन फिर भी हमारी खुशियाँ गायब सी हो रही हैं। हमारे पास सब कुछ होते हुए भी हम खुश नहीं हैं, अपने विचारो में खोये हैं। हम ठहाके लगाना तो जैसे भुल गये, भाग–दौड़ भरी जिंदगी ने हमसे हमारी खुशी छीन ली। बस अब हमारे पास कहने को एक मुस्कान जरूर बची है, शायद वो भी आने वाले समय में हमारे पास न रहे।

अपने व्यस्त समय में से 15 से 20 मिनिट का समय अपने पूरे परिवार के लिए निकालें, साथ बैठें, उनकी बात को सुनें, इगनोर

ना करें। अपने इलेक्ट्रॉनिक गेजेट्स का उस समय उपयोग ना करें। रात को सोने से पहले मधुर संगीत सुनें जो आपके विचार को केद्रित करें, आपकी थकावट को दूर करें और नई ऊर्जा प्रदान करें।

आपका खुश रहना ही आपके दुश्मनों के लिए सबसे बड़ी सजा है।

– चाणक्य

जब भी समय मिले, मोबाईल में मग्न हो जाने के बजाए लोगों से बात करने की आदत डालें। उन्हें जानने की कोशिश करें। उनकी सच्ची प्रशंसा करें, उनमें अच्छाईयाँ ढूँढने की कोशिश करें। यह आदत आपको हर समय खुश रहने का आशीर्वाद दे जायेगी। अक्सर खुशियाँ हमें माँगने से नहीं मिला करती, वे हमारे कर्मों पर निर्भर करती है।

आप इस दुनिया में सिर्फ अपने आपको व्यस्त रखने के लिए नहीं बने हैं। कामयाब इंसान हफ्ते के हर दिन को सिर्फ अपने आप और अपने परिवार के साथ खुश रहकर व्यतीत करते हैं। अच्छी–बुरी यादों को एक–दूसरो के साथ बाँटते हैं।

3. अपने क्षेत्र के ज्ञाता बनें –

मैंने 2010 से अपना पारिवारिक व्यवसाय संभाला, उसे आगे बढ़ाया किन्तु मुझे लगा कि मैं इस काम के लिए नहीं बना हूं। फिर मैंने अपना पैशन ढूँढा और पता किया कि मुझे किस ओर आगे बढ़ना चाहिए। उसके बाद मैंने अपनी किताब लिखने के पैशन पर कार्य किया। आगे से आगे कड़ी जुड़ती गई और मेरे लेखक बनने का सपना पूरा हुआ।

हम छोटे–छोटे कार्य में इतने व्यस्त हो जाते हैं कि अपने पैशन को फोलो करना भूल जाते हैं और हमारी वेल्यु कभी बढ़ ही नहीं पाती है। आप अगर जो कार्य कर रहे हैं, अगर उसमें खुश नहीं

हैं तो वह कार्य करना शुरू करें जिससे आपको खुशी मिले, लोगों का जीवन सुधरे और बदले में आपको पैसा मिले।

अगर नई चीजों को अपनाने की जरूरत हो, डरे नहीं। साहस करके आगे बढ़ें, हार न मानें जब तक कि आपको मंजिल न मिल जाये। किताबे पढ़ें, सेमिनारों में जायें, सफल लोगों की राय लें।

मैं चाहता हूं कि आप सफल इंसान बनें, अपने परिवार व समाज को सम्मान दिलायें, लोगों में आपके प्रति आदर भाव हो, आप खुशहाल जीवन जीयें, क्या आप भी यही चाहते हैं? अगर हाँ तो रिक्त स्थान में आज की तारीख डालें और अपने हस्ताक्षर करें और रिक्त स्थान को भरें।

मैं.. अपने जीवन के हर क्षेत्र में सफल हूं, मेरे आस–पास अवसर हैं, मैं सफल और सौभाग्यशाली इंसान हूं, मेरा जीवन प्यार पैसे और सफलताओं से भरा पूरा है।

दिनांक..

हस्ताक्षर..

जिस बात पर आप यकीन नहीं करेंगे, उस बात को दुनिया कभी सच नहीं मानती।

4. परिवार का साथ निभाना –

एक आप ही हैं जो आपके परिवार को खुश रख सकते हैं। जिस दिन आप अपने परिवार को छोड़ देंगे तो कोई और भी कभी साथ नहीं देगा। आज कल अलग रहने का प्रचलन शुरू हुआ है। सभी को आजादी चाहिए लेकिन व्यक्ति यह भूल जाता है कि तने से टूटने के बाद टहनी के बुरे दिन आ जाते हैं, उसका मूल्य कम हो जाता है।

मुझे पता है आप इस बात से असहमत होंगे लेकिन अब हमें अपने पराये से लगने लगे हैं। उनकी बातें हमें चुभने लगी हैं,

संसार हो या समंदर एक अकेला जीव का यहाँ रह पाना दूसरे जीव मुश्किल कर दिया करते हैं और जो अपने परिवार के साथ रहते हैं, उन पर वह दुख कम आया करता है।

अक्सर लोगों को सामने वाले की खुशी से एलर्जी होती है। वे दूसरों को गलत बीती हुई बातों के सहारे सुखी इंसान की दुनिया में जहर घोलने का काम करते हैं क्योंकि हम गलत बातों को जल्दी सच मान लेते हैं और अपने जीवन को खराब कर देते हैं। मैं यह सोचता हूं कि आप किसी इंसान को तोड़कर अपनी खुशियों को लम्बे समय तक नहीं जोड़ सकते।

जीवन का असली मजा लोगों की खुशियों में है। आपकी खुशी कुछ समय तक रहेगी लेकिन आपने जिस इंसान को खुशियाँ दिलाई हैं, वह हर समय आपको खुश रखने की कोशिश करेगा।

एक सप्ताह में कम से कम एक इंसान की खुशी का कारण बनना। आपकी जिंदगी कुछ ही समय में परिवर्तित होने लगेगी।

दौड़ में हार उस इंसान की नहीं होती जो फिसल जाता है, हार उस इंसान की होती है जो फिसल जाने के बाद भी नहीं उठता।

अगला नियम जो आपकी जीवन के दुखों को दूर करेगा और आप को अपने लक्ष्यों को प्राप्त करने में मदद करेगा।

5. जिंदगी के चार टायर –

कार में चार टायर होने पर ही हम अपनी मंजिल पर समय से पहुँच पाते हैं, उसी तरह हमारी जिंदगी के भी चार टायर होने जरूरी हैं। एक टायर में हवा कम होने पर गाड़ी आगे बढ़ा नहीं करती। उसी तरह हमारी जिंदगी भी रूक जाती है इन चार पहियों में से किसी एक के न होने से –

ये चार रहस्य इस प्रकार हैं –

- व्यवहारवान

- ज्ञानवान
- धनवान
- सम्मानवान

उस इंसान से आप दूर रहें जिसमें इन चारों का अभाव हो, जिसमें इन चारों में से एक भी गुण न हों। वह आपको अपनी ओर आकर्षित कर आप जैसा इंसान बना देगा।

जिंदगी को काटना आसान है और 80 प्रतिशत इंसान सिर्फ जिंदगी को काट ही रहे हैं। केवल 20 प्रतिशत इंसान हीं सादगीपूर्ण तरीके से जिंदगी को जीते हैं। आप क्या चाहते हैं, वह आपके अपने हाथ में है।

किसी इंसान ने आपको अच्छा बोल दिया तो आप अच्छे हो गये। किसी ने गलत बोल दिया तो गलत हो गये। इस मानसिकता से बाहर निकलें। आप अच्छे या बुरे नहीं होते। आपके द्वारा किये गये कर्मों से आपको आँका जाता है, अपने कर्मों को सुधारें बजाए लोगों की कही बातों को सुधारने के। जब आपके कर्म बदलते हैं लोगों की बातें उसके साथ बदल जाती हैं।

6. साधारण जीवन और असाधारण जीवन में अंतर –

कामयाब लोगों की बातें इस किताब के हर पेज पर लिखी गई हैं, क्या आपने एक बार भी सोचा कि नाकामयाब इंसान के बारे में क्यों नहीं लिखा जाता। क्यों हर कोई सफल लोगों की बातें करता है। फर्क बस इतना है सम्मान हमेशा अच्छाई को ही मिलता है, विजेता को ही मिलता है। मैं चाहता हूं कि इस किताब को पढ़ने के बाद आपका दिमाग भी विजेता की सोच रखने वाला बने, दुनिया में अच्छे परिवर्तनों की सोच रखने वाला बने जो दुनिया में अच्छे परिवर्तनों को आगे बढ़ाये।

महान प्रेम और महान उपलब्धियों में महान जोखिम भी उठाने पड़ते हैं

– दलाई लामा

जोखिम उठाने की क्षमता सभी में समान है किन्तु इच्छाएं अलग-अलग। जब जोखिम और इच्छा एक साथ मिल जाती हैं तभी इंसान महान बना करते हैं।

जीवन में क्या अंतर है, जानते हैं इस सारणी के द्वारा और पता लगायें आपमें साधारण इंसान की कितनी आदतें हैं और असाधारण जीवन की कितनी।

क्र.स.	असाधारण जीवन	साधारण जीवन
1	छोटे-छोटे विचारों में जीवन जीना (अच्छे या बुरे विचार पर निर्भरता)	धैर्यशीलता के साथ जीवन जीना
2	सुनने से ज्यादा बोलने की आदत	सुनना, समझना फिर बोलना
3	लोगों की सहानुभुति को इकट्ठा करना	अपनी मेहनत पर विश्वास रखना
4	पुरानी बातों को हर पल याद रखना	बीते कल की बजाए आने वाले कल की योजना बनाना
5	अपने काम पर केंद्रित न रहना	केन्द्रित रहकर कार्य करना
6	अपने शब्दों को सोच-समझकर न बोलना	अपने शब्दों को मूल्यवान समझना
7	हर बात को बढ़ा-चढ़ाकर बताना	सही और सच्ची बात करना
8	लोगों को दोषी ठहराना	कार्य को सही ठंग से करना
9	अपनी सोच को न बदलना	नयी चीजों को अपनाना

7. समस्या की जड़ पर कार्य करना –

लगभग सभी समस्याएं दूसरी बार भी हो उठती हैं क्योंकि हमने सिर्फ उनको उस समय केवल रोकने का ही काम किया होता है, उसे जड़ से मिटाया नहीं था। समस्याओं की जड़ों को समझें कि समस्या किस वजह से हुई और उस वजह को कैसे रोका या हटाया जाये।

सफल इंसानों को एक समस्या कभी दो बार नहीं होती। वह दूसरी बार आने से पहले उसका इलाज ढूँढ लिया करते हैं। अक्सर हमें भावावेश में आकर समस्याओं को सुलझाने की बजाय खुद उलझ जाते हैं। एक नई समस्या को बना लेते हैं।

जब समस्या आये तो शांतिपूर्ण बैठें, कोई भी फैसला लेने से बचें और उसके समाधान खोजें। उस फैसले से होने वाले फायदे-नुकसान के बारे में परिवार वालों से बात करें और फिर वह फैसला लें।

अक्सर रिश्ता हो या घर तोड़ना बहुत ही आसान होता है, उसे बनाए रखना उतना ही कठिन लेकिन धैर्यता का गुण आपकी समस्या को सरल कर देता है।

जब हम एक ही चुटकले पर बार-बार नहीं हंस सकते हैं तो फिर एक ही समस्या पर बार-बार क्यों रोते हैं।
– गौर गोपालदास

मैं जब भी कभी अपने आपको समस्या से घिरा पाता हूं एक पेपर और पेन मेरे दोस्त होते हैं। मेरा दिमाग समाधान बताता जाता है और मेरा हाथ लिखता जाता है और समस्या सुलझ जाती है।

दुखों का रोना रोने की बजाय उन पर काम करना आसान होता है। आगे बढ़ने के लिए दुखों को सहने की शक्ति भी होनी चाहिए।

नदी हमेशा ढलान की ओर बहती है और एक दिन सागर में जाकर मिल जाती है और अपना वजूद खो देती है किन्तु वही पानी अगर कहीं रूक जाता है तो तालाब बन जाता है और अपना एक नया नाम बना लेता है। हमें भी उस तालाब की तरह बनना चाहिए जहाँ चाहे कितनी परेशानी, दुख-दर्द मिले किन्तु सबको अपने में उतारकर शांत बन जायें और एक नई पहचान बनायें।

समस्याएं हर बार आयेंगी, बार-बार आयेंगी। आप जब तक जीवित हैं तब तक आयेंगी। आप शांत चित्त होकर रहना, अपने कर्तव्य से मत भटकना, मेहनत करते रहना। एक दिन आप आगे निकल जायेंगे और आपकी समस्या पीछे रह जायेंगी।

8. हर पल अच्छी तरह से जीना –

आप जो आज कर रहे हैं
यही तय करेगा कि कल आप क्या करेंगे

सफल इंसानों की एक खासियत होती है। वह अच्छे दिनों की कभी चाहत नहीं रखते हैं, वे दिन को अच्छा बनाते हैं। जब परिस्थिति सही नहीं होती है तो आम इंसान परेशान रहता है जबकि सफल इंसान उस परिस्थिति में अपने आपको तैयार करता है, सही परिस्थिति का लाभ लेने के लिए क्योंकि दिन आया है तो रात भी होगी और रात के बाद फिर दिन आना ही है। समय आपको सुधरने का समय देता विपरीत परिस्थितियाँ लाकर।

आप को जो आज समय मिला है, उसमें इस नियम को अपनाएं, अपने पुराने बीते पलों को सिर्फ दो मिनिट का समय दें।

आप एक ऐसा रास्ता खोजें जो आपको बेहतर बनायें, आपके बताए मार्ग पर जो भी चले तो वह सफल हो जाये। हर दिन बेहतर बनाने की जिज्ञासा ही सफलता दिलाती है। दिन-महीनों में और महीने वर्षों में बदल जाते हैं। सफलता की कहानियाँ बन जाती हैं और लोग उन कहानियों से सीखकर आगे बढते हैं।

अक्सर हम बिगड़े हुए माहौल में रहकर अपने आपको एडजेस्ट कर लेते हैं, उसे बदलने की कोशिश भी नहीं करते हैं और उसी सोच पर काम करते हैं कि एक दिन सब कुछ ठीक हो जायेगा और एक दिन हम उसी बिगड़े माहौल में अपने प्राण त्याग दिया करते हैं। रहस्य बस यही है कि आप जितने भी पल इस दुनिया में हैं, खुश रहें और खुशियाँ बाँटे।

जो चीजें नहीं हैं, उनका रोना रोने की बजाए जो है उसमें खुश रहने की कोशिश करें।

9. अच्छाईयों के बारे में सोचें एवं बात करें –

परिवर्तनशील इस दुनिया में आप कितने बदल रहे हैं, यह ज्यादा महत्वपूर्ण है लेकिन हम परिवर्तन अपने आपमें कम दूसरो में ज्यादा चाहते हैं कि माता–पिता, पत्नी, पति, बच्चे, बहन इनकी सोच बदल जाये किन्तु जब बात अपने आपकी आती है तो हम पीछे हट जाते हैं।

यह जिंदगी उसी की है जो समय के साथ अपने आप को ढाल रहा है। आज पांच साल के बच्चे के सोशियल मीडिया पर अकाउंट हैं क्या आप पांच साल या 10 साल के थे, तब आपके पास मोबाईल भी था... शायद नहीं। अब वह जमाना नहीं रहा जहाँ एक के पीछे पुरी दुनिया चला करती थी। अभी सब अपने आप में कुछ बनना, कुछ कर दिखाने की ताकत रखते हैं।

जहाँ भी जायें, वहाँ की अच्छाईयों के बारे में सोचें और बात करें क्योंकि जिस तरह के विचारों पर आप काम करेंगे, वही विचार अपको आगे बढ़ायेंगे। कचरे के डिब्बे के पास खड़े रहकर आप गुलाब की महक का मजा नहीं ले सकते, उसके लिए आपको गुलाब के पास जाना होगा।

एक समय की बात है। एक नगर में एक बच्चा था। उसके अल्प आयु में ही उसके माता–पिता ने प्राण त्याग दिये थे, उसकी स्थिति भी सही नहीं थी। एक दिन वह जब जंगल से गुजर रहा

था तब एक सज्जन से उसका मिलना हुआ। वह परेशान दिखा तो सज्जन ने उसे अपने पास बुलाकर पूछा कि इतने दुखी क्यों लग रहे हो। उस बच्चे ने कहा– मेरी स्थिति सही नहीं है, मैं कैसे अपना जीवनयापन करूँ। उस सज्जन ने कहा– अगर भगवान तुम्हारे पास आकर कोई वरदान माँगें तो तुम क्या मांगोगे। उस बच्चे ने कहा– मैं यही मांगूगा कि भगवान हर समय मेरे साथ हो। उस सज्जन ने कहा– तुम्हें कैसे पता चलेगा कि भगवान हर पल तुम्हारे साथ है। तो उसने कहा– जब भी आँख बंद करूँ तो आपके पैरों के निशान मिलें। सज्जन ने कहा– ऐसा ही होगा। समय बीता। जब उसका अंतिम समय आया तब उसे वह बात फिर याद आई। उसने आंख बंद किये तो पैर के निशान तो दिखे, केवल एक ही इंसान के पैर दिखें। जब वह भगवान के पास पहुँचा तो उसने अपनी कथा बताई। तब भगवान ने मुस्कुराते हुये बोले– जब–जब तुमने वो एक पैर के निशान देखे, तब–तब मैंने तुम्हें गोद में ले रखा था कि तुम पर ज्यादा कष्ट ना आये, वे पैर के निशान मेरे ही थे।

शायद जितना बुरा हम सोचते, उतना बुरा नहीं होता। एक शक्ति, जो सदैव हमारे साथ रहती है, जिसे हम भगवान कहा करते हैं।

समरी – हमने क्या सिखा –

जीवन में अच्छा या बुरा होना हमारे कार्यों पर निर्भर करता है। जैसे हमारे कार्य होते हैं, वे वैसे हमें परिणाम मिलते हैं और परिणाम को कभी बदला नहीं जा सकता। जीवन इतना बुरा नहीं है जितना हम सोचते हैं। बस हमने चश्मा गलत पहना होता है अपनी आंखों पर। अपने आंखों पर अच्छाई का चश्मा लगायें और खुश होकर अपने एवं लोगों के जीवन में खुशियाँ भर दें।

इन 9 नियमों को आपने इस अध्याय में पढा है। मैं चाहता हूं जब आप पर समस्या आये आप इस अध्याय को फिर से दोहरायें।

जब तक आपको आपकी समस्या का हल नहीं मिल जाये, तब तक पढ़ें।

- अपनी समस्या को समझने की कोशिश करें। अपनी समस्या पर कार्य करें
- मनोरंजन के साथ जीवन जीयें
- अपने क्षेत्र का ज्ञाता बनें
- परिवार का साथ निभाएं
- जिंदगी के चारों पहियों का ध्यान रखें
- साधारण और असाधारण जीवन में फर्क जानें
- समस्या की जड़ों पर कार्य करें
- समय के हर पल को आनंद वाला बनायें
- लोगों की अच्छाइयों के बारे में सोचें एवं बात करें

अंतिम संदेश

इस पुस्तक ने आपका कीमती समय लिया है। आपका ध्यान अपनी और खींचा है जिससे कि आपके वर्तमान समय को पहले से और अधिक बेहतर बनाया जा सके।

शुरुआत से लेकर पुस्तक के अंत तक आपको सफलता एवं सफल रास्तों के बारे में बताया गया है, जिन्हें आप अपने कामकाजी हर दिन में अपनाकर अपने जीवन को मूल्यवान बना सकते हैं। भले ही आपने इन नियमों को पहले कहीं सुना है, पढ़ा है किन्तु अब समय इन्हें लागू करने का है।

कहीं–कहीं इस पुस्तक में दिल को चुभने वाली बात भी लिखी गई है ताकि आप उस बात को याद रख अपने विकास के बारे में सोचें और पुरानी बातों को भुला आगे बढ़ने पर कार्य करें क्योकि यह पुस्तक आपको एक सफल इंसान के रूप में देखना चाहती है।

मैं माफ़ी मांगना चाहूँगा अगर आपको कहीं इस पुस्तक में त्रुटि मिलती है। बस आप उसे नजरअंदाज कर अपने जीवन को 9 वंडर्स से भर दें।

मैं माफ़ी मांगना चाहूँगा अगर मैंने आपके विश्वाश को कहीं तोड़ा है, आपकी सोच को नुकसान पहुँचाया है लेकिन आप स्वयं में परिवर्तन कर मुझे आशीर्वाद दे सकते हैं।

आपका कर्तव्य है कि यह पुस्तक हर उस व्यक्ति तक पहुँचे जो अपनी समस्या से बाहर निकलना चाहता है।

धन्यवाद
अखिलेश सोमानी

क्योंकि

आपका दिमाग बेशकिमती है
आपका व्यवहार बेशकिमती है
आपका धन बेशकिमती है
आपका समय बेशकिमती है
आपका लक्ष्य बेशकिमती है
आपका स्वास्थ्य बेशकिमती है
आपका वैभव बेशकिमती है
आपका रिश्ता बेशकिमती है
आपका जीवन बेशकिमती है

www.ingramcontent.com/pod-product-compliance
Lightning Source LLC
LaVergne TN
LVHW041951070526
838199LV00051BA/2979